Fischer TaschenBibliothek

Alle Titel im Taschenformat finden Sie unter:
www.fischer-taschenbibliothek.de

Fühlen wir uns nicht auch manchmal wie eine der Figuren aus den wunderbaren Geschichten Jorge Bucays? Wir mühen und regen uns, tun alles, um im besten Licht zu stehen, und am Schluß stolpern wir doch wieder über die eigenen Füße, scheitern an unserer Angst oder den simpelsten Denkfehlern.

Nach dem großen Erfolg von ›Komm, ich erzähl dir eine Geschichte‹ nimmt uns Jorge Bucay mit auf eine Reise zu Menschen, die auf verblüffende Weise die großen und kleinen Wahrheiten des Lebens erblicken. Vom Friedhof der Glücklichen, durch die Stadt der eitlen Brunnen bis zum Brief eines geständigen Mörders. Jorge Bucays poetische Phantasie kennt keine Grenzen. Sie entdeckt Länder, so neu und unerhört wie unsere Träume, und doch so nah und vertraut wie die unzähligen Geschichten unseres Lebens. Wer Jorge Bucay liest, wird ein bißchen wissender und sieht sich selbst mit anderen Augen.

Jorge Bucay, 1949 in Buenos Aires, Argentinien, geboren, stammt aus einer Familie mit arabisch-jüdischen Wurzeln. Aufgewachsen ist er in einem überwiegend christlichen Viertel von Buenos Aires. Er studierte Medizin und Psychoanalyse und wurde zu einem der einflußreichsten Gestalttherapeuten.

Jorge Bucay ist im wahrsten Sinn des Wortes ein geborener Geschichtenerzähler. Sein großer internationaler Erfolg verdankt sich der Erfahrung und Kenntnis unterschiedlichster kultureller Einflüsse und seinem stupenden Wissen über den Menschen. Seine Bücher reflektieren alle diese Einflüsse und seine jahrelange therapeutische Erfahrung.

Weitere Informationen finden Sie auf www.fischerverlage.de

JORGE BUCAY

Geschichten zum Nachdenken

Übersetzt von
Stephanie von Harrach

FISCHER TaschenBibliothek

8. Auflage, 2025

Erschienen bei FISCHER Taschenbuch
Frankfurt am Main, August 2015

Die Originalausgabe erschien 1999
unter dem Titel »Cuentos para pensar«
bei Editorial del Nuevo Extremo, Buenos Aires
Der deutschen Übersetzung liegt die Ausgabe von
RBA Libros, S.A., Barcelona 2002 zugrunde
© Jorge Bucay 1999
Deutsche Ausgabe:
© Ammann Verlag & Co., Zürich 2006
Alle Rechte:
S. Fischer Verlag GmbH, Frankfurt am Main
Die Nutzung unserer Werke für Text- und Data-Mining
im Sinne von § 44b UrhG behalten wir uns explizit vor.
Umschlaggestaltung: hißmann, heilmann, hamburg
Umschlagabbildung: Marcelino Truong
Satz: Pinkuin Satz und Datentechnik; Berlin
Druck und Bindung: CPI books GmbH, Leck
ISBN 978-3-596-52098-5

Kontaktadresse nach EU-Produktsicherheitsverordnung:
produktsicherheit@fischerverlage.de

Für meine Frau Perla
in Liebe und Dankbarkeit

Einleitung
Die drei Wahrheiten

Wir alle, die wir uns ein Leben lang mit der Suche nach der Wahrheit beschäftigen, haben uns auf unserem Weg immer wieder von Ideen verführen und verleiten lassen, die starken Einfluß auf unser Glaubens- und Wertesystem hatten.

Mit der Zeit haben wir so manche dieser Wahrheiten ad acta gelegt, weil sie unseren Hinterfragungen nicht haben standhalten können oder weil ihnen eine »neue Wahrheit«, mit der sie nicht vereinbar waren, den Platz streitig gemacht hat. Oder ganz einfach, weil diese Wahrheiten irgendwann für uns nicht mehr wahr waren.

Wie auch immer, diese Ideen, auf die wir uns eine Zeitlang gestützt haben, verloren irgendwann ihre Gültigkeit, und auf einmal drifteten wir ab. Wir hatten das Ruder noch immer in der Hand und waren im Vollbesitz unserer Möglichkeiten, aber nicht in der Lage, einen verläßlichen Kurs einzuschlagen.

Während ich dies schreibe, fällt mir *Der kleine Prinz* von Antoine de Saint-Exupéry ein:

Auf seinen Reisen zu den kleinen Planeten seiner Galaxie traf er einen Geographen, der in einem großen Buch die Berge, Ströme und Sterne festhielt.

Der kleine Prinz wollte seine Blume registrieren lassen (die Blume, die er auf seinem Planeten zurückgelassen hatte), aber der Geograph sagte:

»Wir schreiben die Blumen nicht auf, weil Blumen vergänglich sind.«

Und der Geograph erklärte dem kleinen Prinzen, daß Vergänglichkeit bedeute, von baldigem Verschwinden bedroht zu sein.

Als der kleine Prinz dies hörte, wurde er sehr traurig. Denn er verstand, daß seine Rose vergänglich war …

Und jetzt frage ich mich: Gibt es eigentlich Wahrheiten, die so felsenfest und unumstößlich sind wie geographische Gegebenheiten? Oder ist die Wahrheit an sich vielleicht nur ein Konzept, das genauso vergänglich und zerbrechlich ist wie eine Blume? Und wenn man die Dinge dann einmal in einen größeren Zusammenhang stellt:

Sind nicht auch Berge, Flüsse und Sterne von einem baldigen Verschwinden bedroht?

Und wie verhält sich dieses »baldig« gegenüber »für immer«?

Sind aus diesem Blickwinkel betrachtet nicht auch die Gebirge vergänglich?

Hier und heute möchte ich über einige solcher Gedankengebirge, Gedankenflüsse, Gedankensterne schreiben, die mir auf meinem Weg begegnet sind.
Ein paar jener Wahrheiten, die für andere sicher umstritten sind, werden es möglicherweise auch irgendwann für mich werden. Aber zum jetzigen Zeitpunkt, so scheint mir, sind sie so sicher und verläßlich, wie sie nach gesundem Menschenverstand nur sein können.

1. Der erste dieser verläßlichen Gedanken ist eine der wesentlichen Grundlagen der Gestalttherapie und beruht auf der Feststellung, *was ist, das ist*.

(Ich schreibe dies und stelle mir die Enttäuschung meiner Leser vor: »Was ist, das ist …! Und das soll schon die ganze Wahrheit sein?«)

Das Konzept, das gleichermaßen bekannt wie unverstanden ist, enthält in meinen Augen drei bemerkenswerte Implikationen: Um zu wissen, daß »das was ist, ist«, muß man zunächst einmal akzeptiert haben, daß die Geschehnisse, die Dinge, die Situationen eben so sind, wie sie sind.

> Die Wirklichkeit ist nicht so, wie ich sie gern hätte.
> Sie ist nicht so, wie sie sein sollte.
> Sie ist nicht so, wie man mir gesagt hat, daß sie sei.
> Sie ist nicht so, wie sie einmal war.
> Noch ist sie so, wie sie morgen sein wird.
> Die Wirklichkeit um mich herum ist, wie sie ist.

Patienten und Schüler, die mich von diesem Gedanken sprechen hören, sehen darin gern einen Hang zur Resignation, eine flapsige Haltung, eine Gleichgültigkeit.
Man muß wohl immer wieder in Erinnerung rufen, daß Veränderung nur stattfinden kann, wenn wir uns der gegenwärtigen Situation bewußt sind. Wie können wir unseren Reiseweg nach New York bestimmen, wenn wir noch nicht einmal wissen, von welchem Punkt des Universums wir starten sollen?

Meinen Weg kann ich nur von dort aus beginnen, wo ich gerade bin, und das bedeutet, die Dinge so zu akzeptieren, wie sie sind.

Die zweite Ableitung, die direkt an die erste anknüpft, ist der Gedanke, daß *ich bin, wer ich bin*.

Und noch einmal:

> Ich bin nicht der, der ich sein möchte.
> Noch der, der ich sein sollte.
> Ich bin nicht der, den meine Mutter gern in mir sähe.
> Und auch nicht der, der ich einmal war.
> Ich bin der, der ich bin.

Bisweilen kommt es mir vor, als ob all unsere psychischen Absonderlichkeiten aus der Negation dieses Satzes stammten.
All unsere Neurosen beginnen, wenn wir versuchen, jemand zu sein, der wir nicht sind.

In *Komm, ich erzähl dir eine Geschichte* schrieb ich über die Selbstablehnung:

> Alles begann an jenem grauen Tag,
> an dem du aufhörtest, stolz
> »*Ich bin!*«
> zu sagen.
> Und beschämt und ängstlich
> senktest du den Kopf
> und ändertest deine Worte und dein Handeln

gemäß dem Gedanken:
»*Ich sollte sein.*«

Und wenn es schon schwirig ist, zu akzeptieren, daß ich bin, wer ich bin, wieviel schwieriger mag es dann manchmal sein, die dritte Ableitung des Gedankens »Was ist, das ist!« anzunehmen:
Du bist, wer du bist.

Das heißt:

> Du bist nicht der, den ich in dir suche
> Du bist nicht der, der du einmal warst.
> Du bist nicht so, wie es mir paßt.
> Du bist nicht so, wie ich dich will.
> Du bist, wie du bist.

Dies zu akzeptieren bedeutet, dich zu respektieren und nicht von dir zu verlangen, daß du dich änderst.
Vor kurzem habe ich begonnen, die wahre Liebe folgendermaßen zu definieren: als die uneigennützige Aufgabe, Raum zu schaffen, damit der andere sein kann, wer er ist.

Diese erste »Wahrheit« ist der Anfang und das Prinzip (sowohl im Sinn von Ursprung wie auch von Grundlage) jeder erwachsenen Beziehung.

Sie tritt ein, wenn ich dich akzeptiere, wie du bist, und spüre, daß auch du mich akzeptierst, wie ich bin.

2. Die zweite Wahrheit, die ich für unabdingbar halte, ist eine alte Sufiweisheit: *Das Gute gibt es nicht umsonst.*

Hieraus entstehen für mich mindestens zwei weitere Gedanken.
Der erste: Wenn ich etwas will, das mir guttut, muß ich wissen, daß ich dafür einen Preis zu zahlen habe. Selbstverständlich handelt es sich hierbei nicht immer um Geld, das wäre zu einfach. Dieser Preis mag manchmal hoch und manchmal sehr niedrig sein, aber geben wird es ihn immer. Denn das Gute gibt es nicht umsonst.

Der zweite Gedanke: Wenn ich merke, daß mir etwas von außen entgegengebracht wird, wenn mir Gutes widerfährt, wenn ich angenehme und wohltuende Dinge erlebe, dann ist es, weil ich sie mir verdient habe. Ich habe dafür bezahlt, *ich habe sie verdient*. (Um die Pessimisten wachzurütteln und den Profiteuren den Wind aus den Segeln zu nehmen, möchte ich klarstellen, daß man immer im voraus bezahlt: Das Gute, das mir widerfährt, ist bereits bezahlt. Und Ratenzahlung gibt es nicht!)

Manchmal werde ich gefragt:

Und wie sieht es mit dem Schlechten aus?
Kann es sein, daß es auch das Schlechte nicht umsonst gibt?
Wenn mir etwas Schlechtes widerfährt, dann etwa auch, weil ich dazu beigetragen habe? Weil ich es in irgendeiner Weise verdient habe?

Vielleicht ist dem so. Ich spreche hier jedoch von den für mich unumstößlichen, ausnahmslos gültigen und universellen Wahrheiten. Und für mich ist die Behauptung, daß ich alles verdiene, was mir widerfährt, inklusive dem Schlechten, nicht von solch unabdingbarer Gewißheit.
Ich kenne ein paar Menschen, denen schlimme und schmerzhafte Dinge widerfahren sind, ohne daß sie sie auch nur im geringsten verdient hätten!

Das Gute gibt es niemals umsonst – diese Wahrheit zu verinnerlichen bedeutet, ein für allemal die kindliche Vorstellung fahrenzulassen, daß mir jemand etwas geben müsse, nur weil ich es will. Daß mich das Leben mit dem ausstatten muß, was ich mir wünsche, nur *weil* ich es mir wünsche, einfach so, wie von Zauberhand.

3. Den dritten Gedanken, den ich für einen wichtigen Ausgangspunkt halte, könnte man folgendermaßen formulieren:

Es steht fest, daß man niemals all das tun kann, was man will, aber genauso steht fest, daß man niemals etwas zu tun braucht, das man nicht will.

Ich wiederhole es für mich selbst: *Niemals etwas tun, was ich nicht will.*

Diesen Gedanken fest zu verinnerlichen und in Übereinstimmung mit ihm zu leben ist nicht einfach. Und vor allem ist es nicht umsonst. (Zum Glück ist ja alles Gute nicht umsonst.)
Ich will sagen, daß mich als erwachsenen Menschen niemand dazu zwingen kann, etwas zu tun, was ich nicht tun möchte. Das Schlimmste, was mir dabei passieren kann, ist, daß ich mit dem Leben dafür bezahle. (Nicht, daß ich diesen Preis herunterspielen will, aber ich denke, es ist ein Unterschied, ob ich glaube, daß ich etwas nicht tun kann, oder weiß, daß es zu tun mich das Leben kosten könnte.)
Im Alltag allerdings, in unserem alltäglichen Leben, sind die Kosten in der Regel wesentlich geringer. Normalerweise ist das einzige, was ich für meine Freiheit in Kauf nehmen muß, der Verzicht darauf, daß ein paar Menschen mir zustimmen, mir Beifall

pflichten, mich mögen. Der Preis für das Wagnis, nein zu sagen, besteht darin, daß man beginnt, einige bislang unbekannte Züge an seinen Freunden zu entdecken: nämlich den Nacken, den Rücken und all die anderen Körperteile, die man nur dann sieht, wenn der andere sich abwendet.

Diese drei Wahrheiten sind für mich Gedankengebirge, Gedankenflüsse, Gedankensterne.
Wahrheiten, die über die Zeit und die Umstände hinaus ihre Gewißheit behalten.
Konzepte, die nicht an bestimmte Momente gebunden sind, sondern an jeden einzelnen dieser Momente, die wir, zusammengenommen, »unser Leben« nennen.

Wahrheitsgebirge, um unser Haus auf solidem Grund errichten zu können.

Wahrheitsflüsse, um unseren Durst an ihnen stillen und auf ihnen zu neuen Horizonten aufbrechen zu können.

Wahrheitssterne, die uns auch in unseren dunkelsten Nächten als Begleiter dienen.

Der Suchende

Vor zwei Jahren, am Ende eines Vortrags vor einer Paartherapiegruppe, erzählte ich meinem Publikum, wie ich es auch sonst zu tun pflege, eine Geschichte, sozusagen als Abschiedsgeschenk. Zu meiner Überraschung bat einer der Teilnehmer aus der Gruppe um das Wort und schenkte mir seinerseits eine Geschichte. Diese Erzählung, die mir sehr viel bedeutet, schreibe ich heute auf, in Erinnerung an meinen Freund Jay Rabon.

Dies ist die Geschichte eines Mannes, den ich als Suchenden bezeichnen würde.
Ein Suchender ist jemand, der sucht, nicht unbedingt jemand, der findet.
Auch ist es nicht unbedingt jemand, der weiß, wonach er sucht. Es ist schlicht und einfach jemand, für den das Leben eine Suche ist.
Eines Tages spürte der Suchende den Drang, nach Kammir zu gehen. Er hatte es sich zur Gewohnheit gemacht, mit solchen Eingebungen, die von irgendwoher aus seinem Inneren kamen, nicht lange zu fackeln und ihnen einfach zu folgen. Er ließ also alles stehen und liegen und machte sich auf den Weg.

Nach zwei Tagesmärschen über staubige Wege sah er in der Ferne Kammir liegen. Kurz vor dem Dorfeingang fiel ihm am rechten Wegesrand ein Hügel auf. Er war von einem wunderschönen Grün überzogen, und Bäume, Vögel und zauberhafte Blumen gab es dort in unendlicher Zahl. Rings um den Hügel zog sich ein niedriger polierter Holzzaun.
Ein Bronzetor lud ihn zum Eintreten ein.
Sofort war das Dorf vergessen, und er gab der Versuchung nach, sich einen Moment an diesem Ort auszuruhen.
Der Suchende durchschritt das Tor und begann langsam zwischen den weißen Steinen umherzuspazieren, die verstreut zwischen den Bäumen standen.
Er ließ seine Augen wie Schmetterlinge auf jedem Detail dieses farbenprächtigen Paradieses ruhen.
Seine Augen waren die eines Suchenden, und vielleicht erkannte er deshalb auf einem Stein jene Inschrift:

> Abdul Tareg, lebte 8 Jahre, 6 Monate,
> 2 Wochen und 3 Tage

Er erschrak ein wenig, als er merkte, daß der Stein nicht einfach nur ein Stein, sondern ein Grabstein war.
Es schmerzte ihn, zu erfahren, daß ein so junges Menschenkind an diesem Ort begraben lag.

Als er sich weiter umschaute, bemerkte der Mann, daß auch der nächste Stein eine Inschrift trug. Er trat an ihn heran und las:

Yamir Kalib, lebte 5 Jahre, 8 Monate
und 3 Wochen

Der Suchende zeigte sich zutiefst erschüttert.
Dieser hübsche Ort war ein Friedhof, und jeder Stein war ein Grab.
Nach und nach begann er die einzelnen Grabsteine zu entziffern.
Alle hatten sie ähnliche Inschriften: einen Namen und die genaue Lebenszeit des Toten.
Was ihn aber derart in Schrecken versetzte, war die Tatsache, daß der älteste von ihnen kaum länger als elf Jahre gelebt hatte.
Von unendlichem Schmerz überwältigt, setzte er sich nieder und weinte.

Der Friedhofswärter kam des Weges und trat auf ihn zu.
Er sah ihm eine Weile still beim Weinen zu und fragte ihn dann, ob er um einen Familienangehörigen trauere.
»Nein, kein Angehöriger«, sagte der Suchende.
»Aber was ist nur in diesem Dorf geschehen? Von welchem Schrecken wird dieser Ort heimgesucht?

Warum liegen hier so viele Kinder begraben? Was für ein böser Fluch lastet auf diesen Menschen, daß sie einen Kinderfriedhof haben errichten müssen?«
Der Alte lächelte und sagte:
»Beruhigen Sie sich. Es gibt keinen Fluch. Wir haben hier einen alten Brauch. Ich werde Ihnen davon erzählen:

Wenn ein Jugendlicher fünfzehn Jahre alt wird, schenken ihm seine Eltern ein kleines Heftchen, so wie dieses, das ich hier trage, und das hängt er sich um den Hals. Unser Brauch ist es, daß von diesem Moment an jeder Augenblick, in dem einem etwas sehr Schönes widerfährt, in diesem Büchlein festgehalten wird.

Links wird aufgeschrieben, was uns so glücklich gemacht hat.
Und rechts, wie lang das Glück gedauert hat.

Seine künftige Braut kennengelernt und sich in sie verliebt zu haben. Wie lang dauert die große Leidenschaft, wie lang währt dieses Glück? Eine Woche? Zwei? Dreieinhalb?
Und dann, der erste Kuß, wie lange hält der große Zauber an? Eineinhalb Minuten, solang wie der Kuß? Zwei Tage? Eine Woche?
Schwanger zu werden und das erste Kind zur Welt zu bringen?

Und die Hochzeit der Freunde?
Die lang ersehnte Traumreise?
Und das erste Wiedersehen mit dem Bruder nach seiner Rückkehr aus einem fernen Land?
Wie lange dauert die Freude über diese Momente? Stunden? Tage?

Und so halten wir jeden freudvollen Augenblick in diesem Büchlein fest. Jeden einzelnen.

> Und wenn jemand stirbt,
> so ist es unser Brauch,
> sein Büchlein aufzuschlagen
> und die Glücksmomente zusammenzurechnen,
> um das Ergebnis auf sein Grab zu schreiben.
> Denn für uns ist einzig und allein dies
> die wirklich *gelebte Zeit*.«

Der gefürchtete Feind

Die Idee zu dieser Geschichte kam mir, als ich eine Erzählung von Enrique Mariscal hörte. Ich habe mir erlaubt, sie weiterzuspinnen und sie in eine Geschichte mit anderer Botschaft und anderem Ausgang zu verwandeln. So, wie sie jetzt ist, schenkte ich sie eines Abends meinem Freund Norbi.

In einem fernen und vergessenen Land lebte einmal ein König, der seine Macht sehr genoß. Es genügte ihm nicht, die Macht allein zu besitzen. Er wollte außerdem noch von jedermann für seine Mächtigkeit bewundert werden. So, wie sich Schneewittchens Stiefmutter nicht damit begnügte, schön zu sein, mußte auch er sich ständig in einem Spiegel betrachten, der ihm bekräftigte, wie mächtig er war. Er besaß zwar keinen Zauberspiegel, hatte jedoch eine große Anzahl Höflinge und Dienstboten um sich versammelt, die er jederzeit fragen konnte, wer der Mächtigste im ganzen Land war.
Und stets bekam er die gleiche Antwort darauf zu hören:
»Hoheit, Ihr seid gewiß sehr mächtig, aber Ihr wißt,

daß der Weise über eine Macht verfügt, wie sie außer ihm kein zweiter besitzt. Er kann in die Zukunft sehen.«

Damals wurden Alchemisten, Philosophen, Denker, Gläubige und Mystiker noch unter dem Begriff »Weise« zusammengefaßt.

Der König war sehr eifersüchtig auf den Weisen im Lande, da ihm nicht nur der Ruf vorauseilte, ein guter und großzügiger Mensch zu sein, sondern weil er zudem vom gesamten Volk geliebt, bewundert und dafür gefeiert wurde, daß es ihn gab und daß er mitten unter ihnen weilte.

All dies galt für den König nicht.

Ständig mußte er demonstrieren, daß er es war, der das Land beherrschte, und wahrscheinlich war gerade das der Grund dafür, daß er weder gerecht noch ausgeglichen und alles andere als gütig war.

Eines Tages, als er es satt hatte, daß die Leute ihm ständig davon erzählten, wie einflußreich und liebenswürdig der Weise war, vielleicht auch angestachelt von jener Mischung aus Eifersucht und Ängsten, die aus dem Neid erwachsen, heckte der König einen Plan aus: Er würde ein großes Fest geben, zu dem auch der Weise eingeladen wäre. Nach dem Abendessen würde er um die Aufmerksamkeit der Anwesenden bitten. Er würde den Weisen in die Mitte des Saales rufen und ihn vor den versammelten

Höflingen fragen, ob er sich sicher sei, die Zukunft vorauszusagen zu können. Der Geladene hätte zwei Möglichkeiten: es abzustreiten und somit die Wertschätzung der anderen aufs Spiel zu setzen, oder es zu bestätigen und einen Beweis für seinen Ruhm anzutreten. Dann würde der König ihn bitten, seinen eigenen Todestag vorauszusagen. Und ganz egal, wie dessen Antwort ausfiele, in genau diesem Moment würde der König seinen Dolch zücken und ihn töten. Mit einem Schlag hätte er somit zwei Dinge erreicht: Er hätte sich erstens ein für allmal seines ärgsten Feindes entledigt, und zweitens hätte er bewiesen, daß der Weise keineswegs Einblick in die Zukunft habe, da er sich in seiner Voraussage offensichtlich geirrt hätte. In einer einzigen Nacht hätte es mit dem Weisen und dem Mythos seiner Macht ein Ende gefunden.

Sofort begann man mit den Vorbereitungen, und schon bald war der große Festtag gekommen.
Nach einem ausgiebigen Festmahl ließ der König den Weisen in die Saalmitte rufen und richtete das Wort an ihn:
»Stimmt es, daß du in die Zukunft schauen kannst?«
»Ein wenig«, sagte der Weise.
»Und du kannst deine eigene Zukunft voraussagen?« fragte der König.
»Ein wenig«, antwortete der Weise.

»Dann beweise es mir«, fuhr der König fort. »Wann wirst du sterben? Welcher Tag ist dein Todestag?«

Der Weise lächelte, schaute dem König in die Augen und blieb die Antwort schuldig.

»Was ist mit dir, weiser Mann?« sagte der König mit einem Lächeln. »Weißt du es etwa nicht? Kann es sein, daß du gar nicht in die Zukunft schauen kannst?«

»Das ist es nicht«, antwortete der Weise. »Nur getraue ich mich nicht, Euch zu sagen, was ich weiß.«

»Wie, du traust dich nicht?« sagte der König. »Ich bin dein Gebieter, und ich befehle dir, mir zu antworten. Das Königreich muß unbedingt über das Ableben seiner wichtigsten Persönlichkeiten informiert sein. Also antworte mir. Wann ist mit dem Tod des Weisen zu rechnen?«

Nach einem langen Schweigen faßte der Weise ihn ins Auge und sprach:

»Das Datum kann ich nicht genau nennen, was ich aber sagen kann ist, daß der Weise genau einen Tag vor dem König sterben wird.«

Für einen Moment schien die Zeit stillzustehen. Ein Raunen durchlief die Reihen der geladenen Gäste.

Der König hatte stets behauptet, daß er weder den Weisen noch ihren Voraussagungen Glauben schenkte, und dennoch wagte er es nicht, den Weisen zu töten.

Er ließ die Arme sinken und verstummte.

Die Gedanken überschlugen sich in seinem Kopf. Ihm wurde klar, daß er einen Fehler begangen hatte. Der Haß war ihm ein schlechter Ratgeber gewesen.
»Hoheit, Ihr seid blaß geworden. Was ist mit Euch?« fragte der Gast.
»Mir ist nicht wohl«, antwortete der Monarch. »Ich werde mich auf mein Zimmer zurückziehen. Ich danke dir, daß du meiner Einladung gefolgt bist.«
Und mit einem flüchtigen Winken, ohne jedes weitere Wort, wandte er sich ab und machte sich auf den Weg zu seinen Gemächern.
Er dachte, daß der Weise ein gerissener Bursche sei. Denn er hatte die einzige Antwort gegeben, die seinen Tod verhindern konnte.
Hatte er sein Ableben tatsächlich vorausgesehen?
Sicher, der Weise konnte sich in seiner Prophezeiung irren. Aber was, wenn sie zuträfe?
Der König rang um Fassung.

Er machte auf dem Fuß kehrt und sagte laut:
»Du bist im ganzen Königreich für deine Klugheit bekannt, weiser Mann, ich bitte dich darum, die heutige Nacht im Palast zu verbringen, morgen früh will ich dich in einigen wichtigen Entscheidungen zu Rate ziehen.«
»Das wäre mir eine große Ehre, Majestät«, sagte der Aufgeforderte und verneigte sich tief.

Der König gab seiner Leibwache den Befehl, den Weisen in das Gästezimmer des Palastes zu geleiten, sich vor seiner Tür zu postieren und dafür Sorge zu tragen, daß ihm nichts zustoße.

In dieser Nacht fand der Herrscher keinen Schlaf. Es trieb ihn die Sorge um, der Weise habe das Essen schlecht vertragen oder könnte sich im Schlaf verletzen, oder es sei einfach sein letztes Stündlein gekommen.

Am frühen Morgen klopfte der König an der Tür seines Gästezimmers an.

Noch niemals zuvor hatte er jemanden bei seinen Entscheidungen um Rat gebeten, aber sobald der Weise ihn empfinge, würde er ihn fragen, ob … Er brauchte dringend einen Vorwand.

Und der Weise, der auch ein Wissender war, gab ihm eine korrekte, geistreiche und großmütige Antwort.

Ohne recht auf die Antwort zu hören, lobte der König die Klugheit seines Gastes und bat ihn, noch einen Tag länger zu bleiben, angeblich, um ihn in einer weiteren Frage »zu konsultieren«. (Offenbar wollte der König nur sicherstellen, daß ihm nichts Böses widerfuhr.)

Der Weise, von einer inneren Freiheit erfüllt, wie sie nur die Erleuchteten erreichen, willigte ein.

Von da an machte sich der König Tag für Tag, ob morgens oder abends, auf den Weg zum Zimmer des

Weisen, um seinen Rat einzuholen und eine nächste Sitzung für den folgenden Tag zu vereinbaren.
Es dauerte nicht lange, da wußte der König, daß die Rede seines neuen Beraters stets Hand und Fuß hatte, und er selbst merkte kaum, wie sie in fast jede seiner Entscheidungen einfloß.
Monate vergingen, Jahre.
Und es kam, wie es immer kommt, wenn sich ein Unwissender in der Nähe eines Wissenden aufhält: er wird selbst ein bißchen wissender.
Von Tag zu Tag wurde der König ein wenig gerechter.
Schon war alles Despotische und Autoritäre von ihm abgefallen. Seine Machtgelüste ließen nach, und allmählich verzichtete er auf jegliche Machtspielchen.
Er erfuhr, daß auch die Milde ihre Vorteile hatte, und sein Regierungsstil wurde weiser und gütiger.
Und so geschah es, daß sein Volk ihn zu lieben begann wie nie zuvor.

Der König suchte den Weisen nun nicht mehr auf, um sich seines Wohlergehens zu vergewissern, sondern um von ihm zu lernen, seinen Rat einzuholen oder einfach nur, um zu plaudern.
Und so hatte sich zwischen dem König und dem Weisen allmählich eine echte Freundschaft entwickelt.

Bis eines Tages, mehr als vier Jahre nach der besagten Abendeinladung, der König sich plötzlich an etwas erinnerte.

Er erinnerte sich daran, daß der Mensch, den er inzwischen als seinen besten Freund erachtete, einst sein ärgster Feind gewesen war.

Er erinnerte sich an den Plan, den er ausgeklügelt hatte, um sich seiner zu entledigen.

Und es wurde ihm klar, daß er dieses Geheimnis nicht länger für sich behalten konnte, ohne sich wie ein Verräter vorzukommen.

Der König faßte sich ein Herz und suchte das Zimmer des Weisen auf. Er klopfte an, und gleich beim Eintreten sagte er:

»Mein Bruder, es gibt da etwas, was mir auf der Seele liegt.«

»Sprich«, sagte der Weise, »und erleichtere dein Herz.«

»An dem Abend, als ich dich in den Palast eingeladen und nach deinem Todestag befragt habe, ging es mir in Wahrheit um alles andere als um deine Zukunft. Ich hatte mir vorgenommen, dich zu töten, wie auch immer deine Antwort lauten würde. Dein unerwarteter Tod sollte deinen Ruf als Wahrsager in Frage stellen. Ich haßte dich, weil alle dich liebten … Dafür schäme ich mich sehr.«

Der König tat einen tiefen Seufzer und fuhr fort:

»An jenem Abend wagte ich es nicht, dich zu töten,

und jetzt, da wir Freunde geworden sind, mehr als Freunde, Brüder, bestürzt mich der Gedanke daran, was ich verloren hätte, hätte ich meinen Plan ausgeführt. Ich kann dir meine Niedertracht nicht länger verschweigen. Ich mußte dir all das sagen, damit du mir entweder verzeihst oder mich verachtest, aber ich will, daß du die Wahrheit erfährst.«

Der Weise sah ihn an und sagte:

»Es hat lange gedauert, bis du mir das sagen konntest. Aber dennoch freut es mich, daß du es getan hast, denn das einzige, was ich dazu zu sagen habe, ist, daß ich es wußte. Als du mir diese Frage gestellt und dabei den Griff deines Dolchs gestreichelt hast, war deine Absicht so klar, daß man kein Wahrsager zu sein brauchte, um zu erahnen, was du vorhattest.«

Der Weise lächelte und legte dem König die Hand auf die Schulter.

»Zum angemessenen Dank für deine Aufrichtigkeit muß ich dir gestehen, daß auch ich dich belogen habe. Ich muß zugeben, daß ich diese absurde Geschichte von wegen meines Todes vor dem deinigen nur erfunden habe, um dir eine Lektion zu erteilen. Eine Lektion, die du bis zum heutigen Tag nicht hast verstehen können. Vielleicht ist dies das Wichtigste, was ich dir beigebracht habe:

Wir gehen durch die Welt mit einem Haß und einer Ablehnung für gewisse Wesenszüge, die wir bei ande-

ren erkennen, bisweilen sogar bei uns selbst feststellen, und die wir für verachtenswert, bedrohlich und unnütz halten. Erst mit der Zeit werden wir gewahr, daß es kaum möglich ist, auf all diese Dinge zu verzichten, die wir in manchen Momenten ablehnen.

Dein Tod, mein lieber Freund, wird genau an dem dafür bestimmten Tag eintreten, und nicht eine Minute vorher. Du mußt wissen, daß ich ein alter Mann bin, mein Stündlein wird bald schlagen. Für dich besteht nicht der geringste Anlaß, zu glauben, daß dein Abgang an den meinen geknüpft ist. Unsere Leben sind miteinander verknüpft, nicht aber unsere Tode.«

Voller Freude über das Vertrauen, das sie beide in die gemeinsam begründete Freundschaft hatten, fielen sich der König und der Weise in die Arme.

> Die Legende besagt,
> daß auf rätselhafte Weise
> in dieser Nacht
> der weise Mann
> im Schlaf verstarb.

Der König erfuhr die schlechte Nachricht am folgenden Tag, und sie stürzte ihn in tiefe Trauer. Es war nicht die Angst vor seinem eigenen Tod. Der Weise hatte ihn gelehrt, sich nicht an sein Erdendasein zu klammern.

Der König trauerte um den Tod seines Freundes. Welch seltsamer Zufall hatte dafür gesorgt, daß der König ihm noch in der letzten Nacht sein Herz ausschütten konnte?
Vielleicht hatte dies auf unergründlichem Weg der Weise bewirkt, um dem König die Angst zu nehmen, am Folgetag zu sterben.
Es war ein letztes Zeichen der Zuneigung gewesen, ihn von seinen alten Ängsten zu befreien.

Man sagt, daß der König von eigener Hand im Garten das Grab für seinen Freund, den Weisen, aushob, direkt unter seinem Fenster.
Dort beerdigte er den Leichnam, und den Rest des Tages verblieb er neben dem Erdhügel und weinte, wie nur jemand weinen kann, der einen sehr geliebten Menschen verloren hat.
Kurz nach Einbruch der Nacht begab sich der König wieder in seine Gemächer.

Die Legende besagt, daß in derselben Nacht, nur vierundzwanzig Stunden nach dem Tod des Weisen, der König auf seinem Lager im Schlaf verstarb.
Vielleicht aus Zufall …
Vielleicht aus Schmerz …
Vielleicht, um die letzte Lehre seines Meisters zu bestätigen.

Ohne wissen zu wollen

Und wenn du sicher bist,
daß du mich nicht mehr liebst,
dann bitte,
bitte,
sag es mir nicht!

Laß mich heute
noch unschuldig
weiter
in deinen Lügen segeln ...

Lächelnd und ganz ruhig
werde ich einschlafen.
Und am anderen Morgen
früh aufstehen.

Und ich werde wieder in See stechen,
das verspreche ich dir ...

Doch diesmal werde ich
ohne jeden Protest noch Widerstand,

freiwillig und ohne Vorbehalt,
ertrinken in der tiefen Unermeßlichkeit des
　　Verlassenseins.

Hannes Beinlos oder Die Kunst des Ausgleichs nach unten

Hannes Beinlos war Holzfäller von Beruf.
Eines Tages kaufte er sich eine Motorsäge, weil er glaubte, daß sie seine Arbeit sehr erleichtern würde. Es hätte eine fabelhafte Idee sein können, wäre er vorher so klug gewesen, zu lernen, wie man damit umgeht. Aber genau das ließ er bleiben.
Eines Morgens während der Arbeit im Wald schreckte er von einem plötzlichen Wolfsgeheul zusammen. Die Motorsäge in seinen Händen verselbständigte sich, und Hannes zog sich schwerste Verletzungen an beiden Beinen zu.
Die Ärzte konnten sie nicht mehr retten, so daß Hannes Beinlos, als wäre er das Opfer der Voraussagung seines Namens geworden, für den Rest seines Lebens an den Rollstuhl gefesselt blieb.
Der Unfall stürzte ihn monatelang in Depressionen. Nach einem Jahr schien sich sein Zustand allmählich zu bessern.
Doch irgend etwas stellte sich seiner seelischen Genesung in den Weg, und so erlitt er einen schweren Rückfall.

Die Ärzte schickten ihn zum Psychiater.
Nachdem er sich zunächst ein wenig dagegen gesträubt hatte, suchte Hannes Beinlos schließlich doch einen Spezialisten auf.
Der Psychiater wirkte freundlich und beruhigend. Hannes schloß augenblicklich Vertrauen zu ihm und erzählte in knappen Worten, welche Vorkommnisse ihn in seinen momentanen Seelenzustand versetzt hatten.
Der Psychiater sagte, er könne sich in seine Situation hineinversetzen: Der Verlust der Beine sei ein hinlängliches Motiv für eine Depression.
»Sie sehen das falsch, Herr Doktor«, sagte Hannes. »Meine Depression hat nichts mit dem Verlust meiner Beine zu tun. Auch meine Behinderung ist nicht der Grund dafür. Was mich am meisten schmerzt, ist, wie sich die Beziehung zu meinen Freunden verändert hat.«
Der Psychiater sah Hannes mit großen Augen an und wartete auf eine Erklärung.
»Vor dem Unfall haben mich meine Freunde jeden Freitag zum Tanzen abgeholt. Ein-, zweimal die Woche haben wir uns zum Baden getroffen oder Wettschwimmen im Fluß veranstaltet. Bis kurz vor meiner Amputation ging ich immer sonntags früh mit ein paar Freunden an der Uferpromenade joggen. Es sieht so aus, als hätte ich durch den Unfall nicht nur meine Beine verloren, sondern als wäre dadurch

auch meinen Freunden sämtliche Lust an gemeinsamen Unternehmungen vergangen. Keiner ist seither mehr auf mich zugekommen.«
Der Psychiater sah ihn an und lächelte.
Es fiel ihm schwer zu glauben, daß Hannes Beinlos sich der Absurdität seiner Aussage nicht bewußt war.
Dennoch entschied er sich, ihm die Sachlage unmißverständlich auseinanderzusetzen. Wie kaum jemand wußte er um die Existenz jener blinden Flecken im Gedächtnis, die dafür sorgen, daß man nicht versteht, was doch mehr als offensichtlich auf der Hand liegt.
Der Psychiater erklärte Hannes Beinlos, daß seine Freunde nicht etwa einen Bogen um ihn machten, weil sie ihn nicht mehr mochten oder gar ablehnten. Auch wenn das weh täte, aber der Unfall habe seine Lebensumstände verändert. Ob er es wahrhaben wolle oder nicht, er sei nun einmal nicht mehr der ideale Partner für die Dinge, die sie früher miteinander unternommen hätten.
»Aber Doktor«, unterbrach ihn Hannes Beinlos. »Ich kann durchaus schwimmen, joggen und sogar tanzen. Denn zum Glück weiß ich äußerst geschickt mit meinem Rollstuhl umzugehen.«
Der Doktor beruhigte ihn und fuhr mit seinen Ausführungen fort. Es spreche natürlich gar nichts dagegen, daß er die gleichen Dinge tue wie vorher.

Ganz im Gegenteil, es sei sogar extrem wichtig, daß er das tue. Problematisch sei allenfalls, es weiterhin mit den alten Bekannten tun zu wollen.

Der Psychiater erklärte Hannes, daß er selbstverständlich schwimmen solle, nur müsse er eben gegen Leute antreten, die dasselbe Handicap hätten wie er. Natürlich solle er tanzen, aber in Clubs und mit Leuten, denen wie ihm die Beine fehlten. Selbstredend solle er weiterhin auf der Uferpromenade Sport treiben, er müsse nur lernen, es mit anderen Behinderten zu tun.

Hannes müsse begreifen, daß sich das Verhältnis zu seinen Freunden verändert habe, denn die Voraussetzungen seien inzwischen andere geworden. Sie seien nicht mehr gleich.

Um all das tun zu können, was er tun wolle, und noch viel mehr, sei es besser, sich mit dem Gedanken anzufreunden, es mit seinesgleichen zu tun. Er müsse seine Energie darauf ausrichten, Beziehungen zu seinesgleichen zu knüpfen.

Hannes spürte, wie ihm ein Schleier von den Augen fiel, und dieses Gefühl war beglückend.

»Sie wissen gar nicht, wie dankbar ich Ihnen bin, Herr Doktor«, sagte Hannes. »Ihre Kollegen mußten mich fast zwingen hierherzukommen, aber jetzt wird mir klar, wie recht sie hatten. Ihre Botschaft ist angekommen, und ich verspreche Ihnen, ich werde

Ihrem Rat folgen, Doktor. Vielen Dank, Ihre Hilfe hat mich ein großes Stück weitergebracht.«
›Beziehungen zu meinesgleichen knüpfen‹, wiederholte Hannes im Geiste, damit er es nicht vergaß.

Und dann verließ Hannes Beinlos das Sprechzimmer und begab sich nach Hause.
Er warf seine Motorsäge an …
… um all seinen Freunden die Beine abzusägen und sie auf diese Weise zu seinesgleichen zu machen.

Sich klarwerden

Zu dieser Geschichte inspirierte mich ein Gedicht des tibetischen Mönches Rinpoche. Ich habe es in meinem Sinne umgeschrieben, um eine gewisse unserer Eigenarten hervorzuheben, eine allzu menschliche.

Ich stehe morgens auf.
Und gehe aus dem Haus.
Auf dem Bürgersteig ist ein sehr tiefes Schlagloch.
Ich sehe es nicht
und falle hinein.

Am nächsten Tag
gehe ich aus dem Haus,
vergesse das Schlagloch auf dem Bürgersteig
und falle wieder hinein.

Am dritten Tag
gehe ich aus dem Haus und versuche
an das Schlagloch auf dem Bürgersteig zu denken.
Doch
ich erinnere mich nicht daran
und falle hinein.

Am vierten Tag
gehe ich aus dem Haus und versuche
an das Schlagloch auf dem Bürgersteig zu denken.
Ich denke daran,
übersehe es jedoch trotzdem
und falle hinein.

Am fünften Tag
gehe ich aus dem Haus.
Ich denke daran,
mich vor dem Schlagloch auf dem Bürgersteig
    hüten zu müssen,
und hefte meinen Blick auf den Boden.
Ich sehe es
und
falle trotzdem hinein.

Am sechsten Tag
gehe ich aus dem Haus.
Ich denke an das Schlagloch im Bürgersteig.
Ich halte danach Ausschau.
Ich sehe es,
versuche darüberzuspringen,
aber falle hinein.

Am siebten Tag
gehe ich aus dem Haus
und sehe das Schlagloch.

Ich nehme Anlauf,
springe,
berühre mit der Fußspitze knapp die andere Seite,
aber eben nur knapp, und falle hinein.

Am achten Tag
gehe ich aus dem Haus,
sehe das Schlagloch,
nehme Anlauf,
springe
und erreiche die andere Seite!
Vor lauter Stolz, es geschafft zu haben,
mache ich Freudensprünge
und
falle wieder ins Loch.

Am neunten Tag
gehe ich aus dem Haus,
sehe das Schlagloch,
nehme Anlauf,
überspringe es
und setze meinen Weg fort.

Am zehnten Tag,
nämlich heute,
wird mir klar,
daß es viel einfacher wäre …
auf der anderen Straßenseite zu gehen.

Die Geschichte in der Geschichte

Schon seit Monaten quälten ihn vernichtende Gedanken, vor allem nachts. Wenn er abends zu Bett ging, fürchtete er, den nächsten Morgen nicht zu erleben, und vor Morgengrauen, manchmal auch nur eine Stunde, bevor er wieder aufstehen und zur Arbeit gehen mußte, konnte er meist nicht einschlafen. Als er erfuhr, daß der *Erleuchtete* am Abend in der Nähe des Dorfes sein würde, wußte er, daß dies eine einmalige Gelegenheit war, denn es geschah nicht allzuoft, daß Reisende an dieser Siedlung vorbeikamen, die etwas verloren zwischen den Bergen der Caldea lag.

Dem mysteriösen Reisenden eilte ein gewisser Ruhm voraus, und obwohl ihn noch niemand gesehen hatte, sagte man sich, daß dieser Meister die Antwort auf jede Frage wisse. Deshalb begab er sich, ohne daß es zu Hause auch nur irgend jemand bemerkte, bei Tagesanbruch auf den Weg zum Meister, der, so hatte man ihm erzählt, am Ufer des Flusses sein Lager aufgeschlagen hatte.

Als er dort eintraf, zeigte sich gerade der erste Sonnenstrahl am Horizont.

Der *Erleuchtete* meditierte.

Voller Respekt schwieg er, bis der Meister seine Anwesenheit bemerkte.
Da wandte der sich ihm auch schon zu, als hätte er nur auf ihn gewartet, und sah ihm wortlos und mit friedlichem Gesichtsausdruck in die Augen.
»Hilf mir, Meister«, sagte der Mann. »Mich quälen des Nachts fürchterliche Gedanken, und ich finde keinen Frieden noch kann ich mich erholen und die Dinge des Alltags genießen. Man sagt, du hast für alles eine Lösung. Hilf mir und befreie mich von dieser Angst.«
Der Meister lächelte und antwortete:
»Ich werde dir eine Geschichte erzählen.«

Ein reicher Mann schickte seinen Diener zum Einkaufen auf den Markt. Kaum dort angekommen, traf der Diener auf den Tod, der ihn fest ins Auge faßte.
Dem Diener wich das Blut aus dem Gesicht, er machte auf dem Absatz kehrt, rannte davon und ließ die Einkäufe samt Maultier stehen. Atemlos erreichte er das Haus seines Herrn.
»Herr, Herr, bitte gebt mir ein Pferd und etwas Geld, ich muß sofort die Stadt verlassen. Wenn ich gleich losreite, bin ich vielleicht in Tamur, bevor die Nacht anbricht. Bitte, Herr, ich flehe Euch an!«
Der Herr fragte ihn nach dem Grund für diese so dringliche Bitte, und der Diener erzählte hastig von seiner Begegnung mit dem Tod.

Der Hausherr überlegte einen Moment, holte seinen Geldbeutel hervor und sagte:
»Also gut. Wenn's sein muß. Dann geh. Nimm das schwarze Pferd, es ist mein schnellstes.«
»Danke, Herr«, sagte der Diener. Und nachdem er dem Herrn die Hände geküßt hatte, rannte er in den Stall, bestieg das Pferd und brach in aller Eile in Richtung Tamur auf.
Als der Diener außer Sichtweite war, nahm der Herr all seinen Mut zusammen und ging zum Markt, um den Tod zu suchen.
»Warum hast du meinem Diener einen solchen Schrecken eingejagt?« fragte er ihn, sobald er ihn gefunden hatte.
»Ich habe ihn erschreckt?« fragte der Tod.
»Ja«, sagte der Reiche. »Er hat mir gesagt, er hätte dich heute getroffen, und du hättest ihm einen drohenden Blick zugeworfen.«
»Einen drohenden Blick?« sagte der Tod. »Überrascht war ich. Ich hatte nicht damit gerechnet, ihn heute nachmittag hier zu sehen, weil ich annahm, ich würde ihn heute abend in Tamur treffen!«

»Verstehst du?« fragte der *Erleuchtete*.
»Natürlich verstehe ich, Meister. Schlechte Gedanken vermeiden zu wollen beschwört sie eigentlich erst herauf. Vor dem Tod davonzurennen heißt, ihm geradewegs in die Arme zu laufen.«

»So ist es.«
»Ich bin dir sehr dankbar, Meister«, sagte der Mann.
»Ich spüre, daß ich mit dieser Geschichte im Hinterkopf von heute an so tief und fest schlafen werde, daß ich jeden Morgen fröhlich aufwache.«
»Von heute an …«, unterbrach ihn der Alte, »wird es keine weiteren Morgen mehr geben.«
»Ich verstehe nicht«, sagte der Mann.
»Dann hast du also die Geschichte nicht begriffen.«
Überrascht sah der Mann den *Erleuchteten* an

    … und bemerkte, daß sein Gesichtsausdruck
    … sich verändert hatte.

Habgier

Beim Ausheben eines Grabens, der mein Gartengrundstück von dem meines Nachbarn abgrenzen sollte, stieß ich auf eine alte Truhe, randvoll mit Goldmünzen.
Für den Wert interessierte ich mich nicht, sehr wohl aber für die Herkunft dieses außergewöhnlichen Fundes.
Ehrgeizig bin ich nie gewesen, und materielle Güter bedeuten mir nicht viel.
Als ich die Truhe freigeschaufelt hatte, holte ich die Münzen heraus und polierte sie. Die armen Dinger waren ganz schmutzig und verrostet.
Ich stapelte sie ordentlich auf meinem Tisch auf und zählte sie.
Es handelte sich um ein wahres Vermögen!
Zum reinen Zeitvertreib begann ich, mir all die Dinge vorzustellen, die man sich davon kaufen könnte.
Ich malte mir aus, wie sehr es einen habgierigen Menschen gefreut hätte, wäre er auf einen solchen Schatz gestoßen.
Zum Glück …
Zum Glück war das bei mir nicht der Fall …

Heute ist ein Herr gekommen, der Anspruch auf die Münzen erhebt.
Es ist mein Nachbar.
Dieser Satansbraten versuchte mir glaubhaft zu machen, daß sein Großvater diese Münzen vergraben hätte und daß sie deswegen ihm gehörten.

Ich habe mich derartig aufgeregt …
… daß ich ihn umgebracht habe!

Wenn er nur nicht so sehr darum gebettelt hätte –
ich hätte sie ihm gegeben,
denn wenn es etwas gibt, das mir gar nichts bedeutet,
dann sind es Dinge, die für Geld zu haben sind …

Eins kann ich allerdings auf den Tod nicht ausstehen,
und das sind habgierige Menschen.

Der Bär

Es gibt Geschichten, die bedeuten mir außerordentlich viel. Eine davon ist diese alte Geschichte, die mir mein Großvater einmal erzählt hat und die ich in der Form weitererzählen möchte, wie sie mir heute in Erinnerung ist.

Dies ist die Geschichte vom Priester, vom Zaren und vom Bären.
Eines Tages bemerkte der Zar, daß von seiner Lieblingsjacke ein Knopf abgefallen war.
Der Zar war launenhaft, autoritär und grausam (wie alle, die zu lange an der Macht sind). Und so schickte er, völlig außer sich über den Verlust des Knopfes, nach dem Priester und befahl, man möge ihm am nächsten Morgen den Kopf abschlagen.
Niemand widersprach dem Regenten des gesamten russischen Großfürstentums, also begab sich die Wache zum Hause des Priesters, riß ihn aus den Armen seiner Lieben und warf ihn in den Kerker des Zarenpalasts, damit er dort seinen Tod erwarte.
Gegen Abend, als der Kerkermeister dem Priester die Henkersmahlzeit bringen wollte, fand er diesen

vor, wie er ständig den Kopf schüttelte und »der arme Zar« murmelte.

Der Wächter konnte nicht anders, er mußte lachen.

»Der arme Zar? Wenn hier einer arm dran ist, dann bist du es. Schon morgen werden dein Kopf und dein Körper getrennte Wege gehen.«

»Du verstehst es einfach nicht. Was ist denn das Wichtigste für unseren Zaren?« sagte der Priester.

»Das Wichtigste?« antwortete der Wächter. »Keine Ahnung. Sein Volk.«

»Sei nicht albern. Nenn etwas, das ihm wirklich am Herzen liegt.«

»Seine Frau?«

»Noch wichtiger!«

»Die Juwelen!« glaubte der Kerkermeister erraten zu haben.

»Was ist das Allerwichtigste auf der ganzen Welt für den Zaren?«

»Jetzt weiß ich es. Sein Bär!«

»Genau. Sein Bär.«

»Ja und?«

»Sobald der Henker morgen früh mit mir fertig ist, wird der Zar die einzige Möglichkeit verpaßt haben, daß sein Bär spricht.«

»Bist du Bärentrainer?«

»Ein altes Familiengeheimnis«, sagte der Priester.

»Der arme Zar …«

Begierig darauf, sich beim Zaren in ein günstiges Licht zu rücken, rannte der Wächter los, um dem Herrscher die Neuigkeit zu überbringen.
Der Priester wußte, wie man Bären zum Sprechen bringt!
Der Zar war entzückt. Sofort schickte er nach dem Priester, und als der vor ihm stand, befahl er:
»Bring meinem Bären unsere Sprache bei!«
Der Priester senkte den Kopf.
»Nichts täte ich lieber als das, Hoheit, aber einem Bären das Sprechen beizubringen ist eine schwierige Aufgabe, und dazu braucht es Zeit. Ausgerechnet daran mangelt es mir am allermeisten.«
»Wie lange dauert es, ihn zum Sprechen zu bringen?« fragte der Zar.
»Hängt von der Intelligenz des Bären ab.«
»Der Bär ist sehr intelligent!« unterbrach der Zar. »Tatsächlich handelt es sich um den intelligentesten Bären von ganz Rußland.«
»Nun, wenn der Bär intelligent ist ... und lernwillig ... dann glaube ich ... dauert es ... es dauert ... mindestens ... zwei Jahre!«
Der Zar überlegte einen Augenblick.
»Gut. Deine Strafe wird für zwei Jahre ausgesetzt, so lange, wie du den Bären trainierst. Gleich morgen fängst du damit an!« befahl er.
»Hoheit«, sagte der Priester. »Wenn der Henker sich meines Kopfes annimmt, bin ich morgen tot, und

meine Familie muß zusehen, wo sie bleibt. Wenn du allerdings meine Strafe aussetzt, werde ich kaum die Zeit haben, mich deinem Bären zu widmen, denn ich muß ja für den Unterhalt meiner Familie sorgen.«
»Das ist kein Problem«, sagte der Zar. »Ab heute stehst du mit deiner Familie für zwei Jahre unter großfürstlicher Protektion. Die Kosten für Kleidung, Nahrung und Ausbildung übernimmt der Zar, und kein Wunsch wird euch ausgeschlagen werden. Eins aber steht fest: Wenn der Bär innerhalb der nächsten zwei Jahre nicht spricht, wirst du es bitter bereuen, mir diesen Vorschlag gemacht zu haben … Dann wirst du dir sehnlichst wünschen, daß der Henker dich getötet hätte. Haben wir uns verstanden?«
»Ja, Hoheit.«
»Also gut. Wachen!« schrie der Zar. »Begleitet den Priester in der großfürstlichen Kutsche nach Hause. Gebt ihm zwei Beutel Gold, zu essen und Geschenke für die Kleinen. Das ist alles. Und jetzt raus!«
Der Priester verneigte sich tief und begann sich unter Dankesbekundungen im Rückwärtsgang zu entfernen.
»Und vergiß nicht«, sagte der Zar und bohrte ihm den Finger in die Stirn. »Wenn er innerhalb von zwei Jahren nicht spricht …«

Das ganze Haus befand sich in Trauer um den Verlust des Familienoberhauptes, als der Priester, von der Kutsche des Zaren gebracht, lächelnd und voller Tatendrang in der Tür erschien und mit vollen Händen Geschenke zu verteilen begann.

Die Frau des Priesters konnte sich gar nicht beruhigen. Der Herr Gemahl, der noch wenige Stunden zuvor aufs Schafott geführt werden sollte, kehrte nun strahlend und als wohlhabender Mann zurück.

Kaum waren sie unter sich, da erzählte er, was sich ereignet hatte.

»Du hast ja völlig den Verstand verloren!« rief die Frau. »Den Bären des Zaren zum Sprechen zu bringen! Du hast doch nie auch nur einen Bären aus der Nähe gesehen. Geschweige denn, ihn zum Sprechen gebracht … Verrückt geworden bist du, übergeschnappt …«

»Beruhige dich, meine Liebe, beruhige dich. Sieh mal, noch heute morgen wollten sie mir den Kopf abschlagen, und jetzt habe ich noch zwei Jahre vor mir. In zwei Jahren kann allerhand passieren …«

»In zwei Jahren«, so der Priester weiter, »kann der Zar gestorben sein. Kann ich gestorben sein. Und im besten Fall spricht sogar der Bär.«

Nur aus Liebe

Ich gehe meinen Weg.
Mein Weg ist eine Straße mit nur einer Spur, meiner. Durch eine endlose Mauer zu meiner Linken wird mein Weg vom Weg einer Person abgeteilt, die auf der anderen Seite der Mauer geht.
Hier und da ist in dieser Mauer ein Loch, ein Fenster, ein Schlitz, durch die ich den Weg meiner Nachbarin oder meines Nachbarn sehen kann.
Irgendwann glaube ich beim Laufen auf der anderen Seite der Mauer eine Gestalt zu erkennen, die in meinem Rhythmus in die gleiche Richtung geht.
Ich betrachte diese Gestalt: Es ist eine Frau. Sie ist hübsch.
Auch sie hat mich wahrgenommen. Sie schaut mich an.
Ich schaue zurück.
Ich lächle sie an. Sie lächelt mich an.
Dann setzt sie ihren Weg fort, und ich gehe schneller, weil ich mich danach sehne, dieser Frau wiederzubegegnen.
Am nächsten Fenster mache ich halt.
Als sie ankommt, blicken wir uns durch die Öffnung an.

Ich bedeute ihr mit Gesten, wie sehr sie mir gefällt. Sie antwortet mir ebenfalls mit Gesten. Ich bin nicht sicher, ob ihre Gesten das gleiche bedeuten wie meine, aber ich glaube, sie versteht, was ich ihr sagen will.

Ich spüre, daß ich sie gern noch eine Weile anschauen und mich von ihr anschauen lassen würde, aber mein Weg führt weiter …

Ich sage mir, daß es wahrscheinlich weiter vorne noch eine Öffnung geben wird. Und daß ich sie dort bestimmt treffen und mit ihr zusammensein kann.

Nichts beflügelt einen so sehr wie das Verlangen, deshalb beeile ich mich, um sie an der erhofften Tür zu treffen.

Ich renne los, den Blick fest an die Mauer geheftet.

Und tatsächlich: Ein Stückchen weiter vorn taucht die Tür auf.

Dort, auf der anderen Seite, ist sie, meine jetzt so geliebte, begehrte Gefährtin. Und wartet – wartet auf mich.

Ich winke ihr zu. Sie antwortet mit einem Luftkuß.

Sie scheint nach mir zu rufen. Mehr braucht es nicht.

Ich strebe auf die Tür zu, um auf der anderen Seite mit ihr zusammenzukommen.

Die Öffnung ist sehr schmal. Ich stecke eine Hand hindurch, eine Schulter, ich ziehe den Bauch ein, winde mich ein wenig, und fast hätte ich es geschafft, noch den Kopf …

Aber da bleibt mein rechtes Ohr stecken.
Ich drücke.
Keine Chance. Es geht nicht.
Ich kann auch mit der Hand nicht nachhelfen, denn ich kriege nicht einmal mehr einen Finger durch den Spalt …
Mein Ohr paßt einfach nicht hindurch, also treffe ich eine Entscheidung, denn meine Geliebte ist dort drüben und wartet auf mich. Die Frau, von der ich immer geträumt habe und die jetzt nach mir ruft.
Ich hole mein Taschenmesser hervor und schneide mir mit einem entschlossenen Ruck das Ohr ab.
Und tatsächlich: Mein Kopf paßt hindurch.
Jetzt, wo mein Kopf auf der anderen Seite ist, merke ich, daß es nun an der anderen Schulter hakt.
Die Tür ist einfach nicht für meinen Körper gemacht.
Ich versuche es mit Gewalt, aber es nützt nichts.
Meine Hand und der Rumpf sind durch, aber meine zweite Schulter und der zweite Arm stecken fest.
Jetzt ist mir alles egal, und ich …
Ohne an jedwelche Folgen zu denken, fasse ich alle Kraft zusammen und zwänge mich durch den Spalt.
Der Schub renkt mir die Schulter aus, und mein Arm baumelt mir wie leblos vom Körper. Aber nun habe ich mich glücklicherweise in eine Haltung gequetscht, aus der heraus ich …
Fast bin ich auf der anderen Seite.
Kurz davor, mich vollständig durch den Spalt ge-

preßt zu haben, merke ich, daß mein rechter Fuß festhängt.
Wie ich mich auch zwinge und mühe, ich passe nicht hindurch.
Es klappt nicht. Die Öffnung ist viel zu klein, als daß mein ganzer Körper hindurchkäme.
Viel zu klein: Mit beiden Füßen komme ich nicht durch.
Also Schluß mit der Zauderei, ich bin haarscharf davor, zu meiner Geliebten zu gelangen.
Und weiter kann ich mich nicht hindurchzwängen.
Also nehme ich die Axt, beiße die Zähne zusammen und hacke mir mit einem Hieb das Bein ab.

Blutüberströmt, humpelnd und auf die Axt gestützt, mit ausgekugeltem Arm, nur mehr ein Ohr, ein Bein, stehe ich vor meiner Geliebten.
»Hier bin ich. Endlich hat's geklappt. Du hast mich, ich habe dich angesehen, und dann habe ich mich in dich verliebt. Habe keine Mühen gescheut, denn im Krieg und für die Liebe muß man alles riskieren. Kein Opfer ist zu groß. Um dich zu treffen und mit dir zusammenzusein, mit dir zusammenzusein für immer, hat sich das Leiden gelohnt …«

Mit einem verzerrten Lächeln sieht sie mich an.
»So nicht, nein, so will ich dich nicht … Mir hast du gefallen, als du noch heil warst.«

Die Feier des Du

Ich lerne dich kennen …
Ich höre dir zu …
Ich spreche mit dir …
Ich umarme dich …
Ich küsse dich …
Ich nehme dich in Besitz …
Ich presse dich an mich …
Ich halte dich fest …
Ich sauge dich auf …
Ich ersticke dich …
Liebe ich dich?

Hindernisse

*Das Folgende ist in Wahrheit gar keine Geschichte,
sondern eher eine angeleitete Meditation in Form eines
geführten Traums, um die wahren Ursachen für so manche unserer Krisen zu ergründen. Mein Vorschlag wäre,
ihn aufmerksam zu lesen und bei jedem Satz ein Weilchen
innezuhalten und sich die Situationen
genau vorzustellen.*

Ich gehe auf einem Weg.
Ich lasse mich von meinen Füßen tragen.
Meine Augen ruhen auf den Bäumen, den Vögeln, den Steinen.
Am Horizont zeichnet sich die Silhouette einer Stadt ab.
Ich konzentriere meinen Blick, um sie genau erkennen zu können.
Ich spüre, wie mich die Stadt anzieht.
Ohne recht zu wissen, wie mir geschieht, spüre ich, daß diese Stadt die Erfüllung all meiner Wünsche birgt.
All meine Ziele, meine Absichten, meine Vorstellungen.

Mein Ehrgeiz und meine Träume liegen in dieser Stadt.
All das, was ich erreichen will, was ich brauche, was ich am liebsten sein möchte, alles, was ich erhoffe, was ich beabsichtige, weswegen ich arbeite, wonach ich strebe, das, was mein größter Erfolg werden könnte.
Ich stelle mir vor, daß all dies in dieser Stadt ist.
Geradewegs steuere ich auf sie zu.
Doch dann steigt der Weg steil an.
Ich spüre die Anstrengung, aber sie macht mir nichts aus.
Ich gehe weiter.
Vor mir auf dem Weg ist ein schwarzer Schatten zu erkennen.
Beim Herankommen sehe ich, daß mir ein riesiger Graben den Weg versperrt.
Befürchtungen überkommen mich, Zweifel.
Ich hadere damit, daß mein Ziel nicht so einfach zu erreichen ist.
Zu guter Letzt entschließe ich mich, über den Graben zu springen.
Ich gehe ein paar Schritte zurück, nehme Anlauf, springe …
und lande auf der anderen Seite.
Ich schöpfe neue Kraft und setze meinen Weg fort.
Ein paar Schritte weiter, und ein neuer Graben tut sich auf.

Ich nehme wieder Anlauf und überspringe auch diesen.
Ich eile auf die Stadt zu, der Weg scheint frei.

Völlig unerwartet stehe ich vor einem Abgrund.
Den kann ich unmöglich überspringen.
Etwas seitlich entdecke ich Holz, Nägel und Werkzeug.
Offenbar wird dort eine Brücke gebaut.
Handwerklich war ich noch nie besonders geschickt …
… ich spiele mit dem Gedanken, aufzugeben.
Mein Wunschziel kommt mir in den Sinn … und ich widerstehe.
Ich beginne mit dem Brückenbau.
Es vergehen Stunden, Tage, Monate.
Dann ist die Brücke fertiggestellt.
Voller Freude überquere ich sie,
und auf der anderen Seite angekommen …
sehe ich die Mauer.

Die Stadt meiner Träume ist von einer riesigen kaltfeuchten Mauer umgeben …
Ich bin am Boden zerstört …
Ich suche nach Wegen, an ihr vorbeizukommen.
Es gibt keinen.
Die Stadt ist so nah …
Ich werde mich von der Mauer nicht aufhalten lassen.

Ich bereite mich darauf vor, sie zu überklettern.
Ich entspanne mich einen Augenblick und hole tief Luft …

Da bemerke ich auf einmal
am Wegesrand
einen Jungen, der mich ansieht, als würde er mich kennen.
Er lächelt mir komplizenhaft zu.
Und erinnert mich an das Kind, das ich war.
Vielleicht schimpfe ich deshalb laut los:

»Warum stellen sich mir all diese Hindernisse in den Weg?«

Der Junge zuckt mit den Schultern und antwortet:

»Was fragst du mich?

Bevor du kamst, gab es hier keine …

Du selbst hast sie mitgebracht.«

Es war einmal …
oder Vom schmalen Grat zwischen Märchen und Wirklichkeit

Es war einmal … dies »eine Mal«,
das sich durch das Erzähltwerden
so oft wiederholt hat,
daß es Wirklichkeit geworden ist.

Die Kinder waren allein

Ihre Mutter war am frühen Morgen aus dem Haus gegangen und hatte die Kinder der Obhut Marinas überlassen, einem Mädchen von achtzehn Jahren, das manchmal gegen ein kleines Entgelt für ein paar Stunden auf sie aufpaßte.
Seit der Vater gestorben war, konnte die Mutter es sich nicht mehr erlauben, ihren Arbeitsplatz aufs Spiel zu setzen, wenn sie jedesmal fehlte, weil die Großmutter krank war oder nicht in der Stadt.
Als ihr Freund anrief, um sie zu einer Spritztour in seinem Auto einzuladen, überlegte Marina nicht lang. Die Kinder schliefen ja, wie jeden Nachmittag, und würden nicht vor fünf Uhr aufwachen.
Kaum hatte sie die Hupe gehört, schnappte sie sich ihre Handtasche und legte den Hörer neben das Telefon. Sicherheitshalber schloß sie die Tür vom Kinderzimmer ab und steckte den Schlüssel ein. Pancho könnte hinfallen und sich weh tun, wenn er aufwachte und die Treppe hinunterlief, um nach ihr zu suchen, er war ja erst sechs. Und wie sollte Marina seiner Mutter erklären, daß Pancho sie nirgendwo gefunden hatte?
Vielleicht war es ein Kurzschluß im laufenden Fern-

sehgerät oder in einer der Wohnzimmerlampen gewesen, vielleicht aber auch ein Funke aus dem Kaminfeuer. Jedenfalls, als die Gardinen Feuer gefangen hatten, erreichten die Flammen auch bald die Holztreppe, die hinauf zu den Schlafzimmern führte.

Der Rauch drang unter der Tür ins Kinderzimmer, und vom Husten des Babys wurde Pancho wach. Ohne lang zu überlegen, sprang er aus dem Bett und rüttelte an der Klinke, um die Tür zu öffnen, doch es gelang ihm nicht.

Hätte er es geschafft, wären er und sein kleines, erst wenige Monate altes Brüderchen innerhalb kürzester Zeit Opfer der Flammen geworden.

Pancho schrie und rief nach Marina, aber sein Hilferuf blieb unbeantwortet. Also rannte er zum Telefon, das sich im Raum befand, er wußte, wie man die Nummer seiner Mutter wählte, aber es gab keine Verbindung.

Pancho wußte, daß er sein Brüderchen von hier wegschaffen mußte. Er versuchte das Fenster zu öffnen, das auf den Außensims führte, aber mit seinen kleinen Händen schaffte er es nicht, den Sicherheitsriegel beiseite zu schieben, und selbst wenn es ihm gelungen wäre, hätte er noch das Drahtgitter aufstoßen müssen, das seine Eltern zum Schutz angebracht hatten.

Als die Feuerwehrleute den Brand gelöscht hatten, gab es nur noch ein Gesprächsthema: Wie war es diesem Kind gelungen, das Fenster einzuschlagen und dann auch noch das Gitter aufzustoßen?
Wie hatte der Junge es geschafft, das Baby in den Rucksack zu bekommen?
Wie hatte er es geschafft, mit einem solchen Gewicht auf dem Rücken auf dem Sims zu balancieren und über den Baum nach unten zu klettern?
Wie hatte er es geschafft, sein eigenes Leben und das seines Brüderchens zu retten?
Der alte Feuerwehrhauptmann, ein kluger, angesehener Mensch, gab ihnen zur Antwort:

»Panchito war allein … Es gab also niemanden, der ihm hätte sagen können, das schaffst du nicht.«

In Kürze

Heute bei Tagesanbruch wurde ich geboren,
verlebte meine Kindheit am Morgen,
und über Mittag
hatte ich bereits meine Jugend verbracht.
Es erschreckt mich nicht,
daß meine Zeit so schnell vergeht.
Doch beunruhigt mich ein wenig der Gedanke,
daß ich vielleicht morgen
schon
zu alt dazu bin,
das zu tun, was ich bislang aufgeschoben habe.

Die Stadt der Brunnen

Diese Geschichte ist mir ein Inbild dafür, wie die Weisheit der Geschichten Menschen miteinander in Verbindung bringt. Erzählt hat sie mir ein Patient, der sie seinerseits von einem wundervollen Menschen gehört hatte, nämlich aus dem Munde des kreolischen Paters Mamerto Menapace. So, wie ich sie hier wiedergebe, machte ich sie eines Abends Marce und Paula zum Geschenk.

Die Stadt war nicht wie alle anderen Städte dieses Planeten von Menschen bewohnt.
Diese Stadt wurde von Brunnen bewohnt. Von lebenden Brunnen zwar, aber von Brunnen eben.
Die Brunnen unterschieden sich nicht nur durch ihren jeweiligen Standort, sondern auch durch die Art der Öffnung, über die sie mit der Außenwelt verbunden waren.
Es gab prächtig ausgestattete Brunnen mit Marmorrand und kostbaren Eisenverzierungen, bescheidene Brunnen aus Holz und Backstein und noch ärmlichere, karge Löcher, die sich einfach in der Erde auftaten.
Die Verständigung der Stadtbewohner spielte sich

von Brunnenöffnung zu Brunnenöffnung ab, und die Neuigkeiten verbreiteten sich unter ihnen in Windeseile.

Irgendwann tauchte in der Stadt eine neue Mode auf, die sicherlich in irgendeinem Menschendorf geboren worden war.

Der neue Gedanke bestand darin, daß jedes lebende Wesen, das etwas auf sich hielt, viel größere Sorgfalt auf sein Inneres denn auf das Äußere legen sollte. Wichtig war nicht die Oberfläche, sondern der Inhalt.

Also begannen sich die Brunnen mit Gegenständen anzufüllen.

Manche füllten sich mit Schmuck, Goldmünzen und Edelsteinen auf. Andere, praktischere, füllten sich mit Haushalts- und Elektrogeräten. Ein paar entschieden sich für die Kunst und füllten sich mit Bildern, Pianos und raffinierten postmodernen Skulpturen. Die intellektuellen unter ihnen schließlich füllten sich mit Büchern, ideologischen Traktaten und Fachzeitschriften.

Die Zeit verging.

Die meisten Brunnen hatten sich derart angefüllt, daß sie nichts mehr fassen konnten.

Nicht alle Brunnen waren gleich, und während manche sich mit ihrem Zustand zufriedengaben, dachten andere, daß sie immer noch weitere Dinge in sich hineinstopfen mußten.

Einer machte den Anfang. Doch anstatt seinen Inhalt noch mehr zusammenzupressen, kam ihm der Gedanke, sein Fassungsvermögen zu vergrößern, indem er sich erweiterte.
Es dauerte nicht lange, da fand die Idee ihre Nachahmer. Alle Brunnen verwendeten den Großteil ihrer Energie darauf, sich zu erweitern, um ihren Innenraum zu vergrößern.
Einem Brunnen, einem kleinen vom Stadtrand, fiel die Maßlosigkeit auf, mit der sich seine Kameraden ausdehnten. Wenn sie so weitermachten, dachte er, würden bald ihre Ränder aneinanderstoßen, und man könnte den einen nicht mehr vom anderen unterscheiden.

Das brachte ihn darauf, daß es noch eine andere Wachstumsrichtung gab, und zwar nicht in die Breite, sondern in die Tiefe. Man konnte tiefer statt breiter werden. Sofort realisierte er, daß alles, was er in sich trug, ihn daran hinderte, tiefer zu werden. Wenn er tiefer werden wollte, mußte er sich also von seinem Inhalt befreien.
Zuerst fürchtete er sich vor der Leere. Doch als er sah, daß es keine andere Möglichkeit gab, machte er sich ans Werk.
Er befreite sich von all seinem Besitz und gewann an Tiefe, während sich andere jener Dinge bemächtigten, von denen er sich losgesagt hatte.

Eines Tages erlebte der Brunnen, der in die Tiefe ging, eine Überraschung. In seinem Inneren, ganz tief in sich drin, stieß er auf Wasser.
Noch nie war ein Brunnen in sich selbst auf Wasser gestoßen.
Unser Brunnen erholte sich schnell von seiner Überraschung und begann mit dem Wasser, das aus seiner Tiefe kam, zu spielen. Er bespritzte seine Wände, besprenkelte seinen Rand, und zuletzt beförderte er Wasser nach draußen.
Noch nie war die Stadt anders bewässert worden als durch den Regen, der allerdings ziemlich selten fiel.
So kam es, daß das Land rund um den Brunnen zu neuem Leben erwachte, grünte und gedieh.
Die Samen in der Erde gingen auf und verwandelten sich in Gras, Klee, Blumen und zarte Zweiglein, die sich später zu rechten Bäumen auswuchsen.
In allen Farben explodierte das Leben rings um den abgelegenen Brunnen, den sie von nun an den »Obstgarten« nannten.
Alle wollten von ihm wissen, wie er dieses Wunder vollbracht hatte.
»Von Wunder kann nicht die Rede sein«, antwortete der Obstgarten. »Man braucht bloß in seinem Inneren suchen und dabei ganz in die Tiefe gehen.«
Viele wollten dem Beispiel des Obstgartens folgen, aber der Gedanke, daß sie sich, um an Tiefe zu gewinnen, erst einmal ganz leer machen mußten,

schreckte sie ab. Statt dessen erweiterten sie sich zusehends in der Breite, um sich mit noch mehr Dingen anfüllen zu können.
Am anderen Ende der Stadt unternahm ein weiterer Brunnen das Wagnis und machte sich leer.
Auch er gewann an Tiefe.
Und auch er stieß auf Wasser.
Und auch sein Wasser sprudelte nach draußen und brachte eine zweite grüne Oase im Dorf zur Blüte.
»Und was ist, wenn dir das Wasser einmal ausgeht?« wurde er gefragt.
»Keine Ahnung, was dann ist«, antwortete er. »Aber bis jetzt kommt immer mehr Wasser zutage, je mehr ich hinausbefördere.«

Es vergingen einige Monate, bis es zu einer weiteren großen Entdeckung kam.
Eines Tages, rein zufällig, bemerkten die beiden Brunnen, daß es sich bei dem Wasser, auf das sie in der Tiefe ihrer selbst gestoßen waren, um dasselbe Wasser handelte.
Es war der gleiche unterirdische Fluß, der unter dem einen hinwegfloß und auch den anderen tränkte.
Ihnen wurde klar, daß sich für sie ein ganz neues Leben darbot.
Nicht nur, daß sie sich an der Oberfläche verständigen konnten, von Brunnenrand zu Brunnenrand, wie all die anderen, sondern daß ihre Suche ihnen

auch einen neuen geheimen Verbindungspunkt offenbart hatte.

Sie hatten die tiefe Verständigung entdeckt, die nur unter denen möglich ist, die den Mut haben, sich von ihrem inneren Gerümpel zu befreien, und in der Tiefe ihrer selbst nach dem suchen, was sie zu geben haben.

Trinkerlogik

Es kommt einer in die Bar, setzt sich an die Theke und bestellt fünf Whisky.
»Alle auf einmal?« fragt der Kellner.
»Ja, alle fünf«, antwortet der Gast, »aber ohne Eis.«
Der Kellner serviert, und der Kerl trinkt sie in einem Zug.
»Herr Ober«, sagt er. »Bitte noch mal vier Whisky, ohne Eis.«
Beim Einschenken bemerkt der Kellner ein ziemlich dämliches Grinsen an seinem Gast. Der trinkt die vier Gläser aus, hält sich mit einiger Mühe auf den Beinen, klammert sich an der Theke fest und ruft: »Herr Ober! Bringen Sie mir noch mal drei.« Er kichert und fügt hinzu: »Aber ohne Eis.«
Der Kellner tut, wie ihm geheißen, und innerhalb kürzester Zeit hat der Gast die Gläser, eins nach dem anderen, hinuntergestürzt.
Inzwischen hat der dämliche Ausdruck auch seine Augen erreicht.
»Mein Freund«, sagt er nun laut. »Gib mir noch zweimal dasselbe.«
Er schüttet auch sie herunter und ruft noch einmal nach dem Kellner: »Bruder! Du bist wie ein Bruder

für mich …« Er lacht lauthals und fügt hinzu: »Gib mir noch ein Glas, ohne Eis. Aber nur eins, ja?, ein einziges …«
Der Kellner schenkt ein.
Der Typ trinkt das einzelne Glas in einem Zug aus, dann wird ihm derart schwindlig, daß er sturzbetrunken zu Boden fällt.
Von dort aus ruft er dem Kellner zu: »Mein Arzt will es mir nicht glauben, aber du bist mein Zeuge: Je weniger ich trinke, desto schlechter bekommt es mir!«

Geschichte ohne U

Selbstvergessen spazierte er vor sich hin, da auf einmal sah er ihn.
Dort am Wegesrand lag der imposante Handspiegel, als hätte er auf ihn gewartet.
Er hob ihn auf und sah hinein.
Er betrachtete sich ausgiebig.
Er war zwar nicht mehr der Jüngste, aber die Zeit war halbwegs gnädig mit ihm umgegangen.
Dennoch, irgend etwas gefiel ihm nicht an seinem Spiegelbild.
Eine gewisse Härte lag in seinen Zügen und erinnerte ihn an die bitteren Seiten seiner Lebensgeschichte.

An die Wut, die Verachtung, die Aggression, die Verlassenheit, die Einsamkeit.

Er war versucht, den Spiegel mitzunehmen, unterließ es dann aber doch. Es gab schon genügend unangenehme Dinge auf diesem Planeten, da brauchte er sich nicht auch noch hiermit zu belasten.
Er beschloß, weiterzugehen und diesen Weg und den ungnädigen Spiegel für immer zu vergessen.
Stundenlang ging er und kämpfte gegen die Ver-

suchung an, zum Spiegel zurückzukehren. Dieser geheimnisvolle Gegenstand zog ihn an wie ein Magnet.
Er wehrte sich dagegen und beschleunigte seinen Schritt.
Er summte Kinderlieder vor sich hin, um nicht an das grausige Bild seiner selbst denken zu müssen.
Atemlos erreichte er das Haus, in dem er von Geburt an lebte. Ohne sich auszuziehen, legte er sich ins Bett und zog die Decke über den Kopf.
Jetzt sah er nichts mehr von der Welt um sich herum, weder den Weg noch den Spiegel, noch sein eigenes Spiegelbild darin. Aber genau das ging ihm nicht mehr aus dem Sinn.

> Das Bild vom Ärger,
> dem Schmerz,
> der Einsamkeit,
> dem Ungeliebtsein,
> der Angst,
> der Geringschätzung.
>
> Unsagbare, undenkbare Dinge ...

Und er wußte genau, wann und wo das alles begonnen hatte. An jenem Nachmittag vor mehr als dreißig Jahren ...
Der Junge lag am Boden und weinte, denn er konnte

die schlechte Behandlung durch seine Mitmenschen nicht mehr aushalten.
An jenem Nachmittag beschloß er, den Buchstaben für immer aus dem Alphabet zu streichen.
Diesen Buchstaben.
Genau diesen.
Den Buchstaben, den man braucht, um sein Gegenüber anzusprechen.
Den Buchstaben, der unabdingbar ist, wenn man das Wort an jemanden richtet.

Wenn es keine Möglichkeit gab, die anderen anzusprechen, würde man sie nicht mehr brauchen.
Und dann gäbe es auch keinen Grund mehr für das Gefühl, auf sie angewiesen zu sein.
Und so ganz ohne Grund noch Möglichkeit, sich an sie zu wenden,
fühlte er sich unendlich frei …

Epilog

Wenn ich ohne U schreibe,
kann ich bis zum Überdruß schreiben
von mir, vom Ich,
von dem, was ich habe,
von dem, das mir gehört …
Ich kann sogar von ihm schreiben,

von ihnen
und den anderen.
Aber ohne U
kann ich nicht vom Du sprechen,
nicht von euch.
Ich kann nicht von eurem sprechen,
noch nicht einmal von unserem.
Das passiert bisweilen …
Manchmal verliere ich das U …
Und ich verliere die Möglichkeit, mit dir zu sprechen,
an dich zu denken, dich zu lieben, dir zu sagen …
Ohne U bleibe zwar ich, aber du verschwindest …
Und ohne dich ansprechen zu können,
wie könnte ich mich da an dir erfreuen?
Wie in der Geschichte … wenn du nicht existierst,
bin ich dazu verdammt,
mich von meiner schlechtesten Seite zu sehen,
mich ewig selbst zu bespiegeln,
in eben
diesem
dummen
Spiegel.

Ich will

Dieser Vorschlag für zwischenmenschliche Beziehungen wurde erstmals im Vorwort zur dritten Auflage von Cartas para Claudia, Ediciones del Nuevo Extremo, 1989 publiziert.

Ich will, daß du mir zuhörst, ohne über mich zu urteilen
Ich will, daß du deine Meinung sagst, ohne mir Ratschläge zu erteilen
Ich will, daß du mir vertraust, ohne etwas zu erwarten
Ich will, daß du mir hilfst, ohne für mich zu entscheiden
Ich will, daß du für mich sorgst, ohne mich zu erdrücken
Ich will, daß du mich siehst, ohne mich in dir zu sehen
Ich will, daß du mich umarmst, ohne mir den Atem zu rauben
Ich will, daß du mir Mut machst, ohne mich zu bedrängen
Ich will, daß du mich hältst, ohne mich festzuhalten
Ich will, daß du mich beschützt, aufrichtig

Ich will, daß du dich näherst, doch nicht als Ein-
 dringling
Ich will, daß du all das kennst, was dir an mir
 mißfällt,
daß du all das akzeptierst … versuch es nicht zu
 ändern
Ich will, daß du weißt … daß du heute auf mich
 zählen kannst …
Bedingungslos.

(Aus dem Spanischen von Alexander Dobler)

Kleine autobiographische Geschichte

Es war einmal ein Mann, der lebte so, wie er war: als ganz normaler, gewöhnlicher Mensch.

Eines schönen Tages bemerkte er, wie merkwürdig die Menschen ihn umschmeichelten und ihn auf seine Größe ansprachen:
»Wie groß du bist!«
»Du bist aber gewachsen!«
»Ich beneide dich um deine Größe …«

Anfangs überraschte ihn das, und so kam es, daß er sein Spiegelbild ein paar Tage lang aus den Augenwinkeln betrachtete, wenn er an den Schaufenstern der Geschäfte entlangging oder in den Fensterscheiben der Autobusse.
Aber der Mann bemerkte keinen Unterschied, er sah aus wie immer, weder besonders groß noch besonders klein.
Er versuchte der Sache keine Aufmerksamkeit mehr beizumessen, aber als er ein paar Wochen später bemerkte, wie drei von vier Personen zu ihm aufblicken mußten, begann das Phänomen ihn zu interessieren.

Der Mann kaufte sich ein Metermaß, um sich zu messen. Das tat er gewissenhaft und genau, und nach einigen Messungen und Versuchen sah er bestätigt, daß sich an seiner Statur nichts verändert hatte.
Die anderen bewunderten ihn weiter.
»Wie groß du bist!«
»Du bist aber gewachsen!«
»Ich beneide dich um deine Größe …«
Der Mann begann lange Stunden vor dem Spiegel zu verbringen. Er versuchte herauszufinden, ob er wirklich größer geworden war als früher.
Aber nichts da: Er sah sich von ganz normaler Statur, weder zu klein noch zu groß.
Nicht zufrieden mit diesem Ergebnis, begann er, den höchsten Punkt seines Kopfes mit einem Kreidestrich an der Wand zu markieren, um einen glaubwürdigen Nachweis für seine Entwicklung zu erhalten.
Die Leute blieben dabei:
»Wie groß du bist!«
»Du bist aber gewachsen!«
»Ich beneide dich um deine Größe …«
Und sie beugten sich zurück, um ihn von unten her anzuschen.

Tage vergingen.
Der Mann machte neue Kreidemarkierungen an der Wand, aber jedesmal blieb der Strich auf gleicher Höhe.

Allmählich vermutete er, daß man sich einen Spaß mit ihm erlaubte. Also wechselte er, sobald jemand ihn auf sein Körpermaß ansprach, das Thema, begann seinen Gesprächspartner zu beschimpfen oder ließ ihn einfach wortlos stehen.
Es half nichts, die Sache ging weiter:
»Wie groß du bist!«
»Du bist aber gewachsen!«
»Ich beneide dich um deine Größe …«

Der Mann war ein verstandesorientierter Mensch und suchte nach einer Erklärung.
So sehr zollte man ihm Bewunderung und so sehr gefiel ihm diese Rolle, daß er sich wünschte, es wäre wahr.
Dann kam ihm eines Tages der Gedanke, daß seine Augen ihm vielleicht einen Streich spielten.
Er hätte sich inzwischen zum wahrhaften Riesen auswachsen können, aber durch irgendeine Zauberei oder einen Bann war er der einzige, der das nicht wahrnehmen konnte …
»Das ist es also. Genau das wird passiert sein!«
Beflügelt von diesem Gedanken, sah der Mann seine Glanzzeit kommen.
Er genoß die Worte und die Blicke der anderen.
»Wie groß du bist!«
»Du bist aber gewachsen!«
»Ich beneide dich um deine Größe …«

Das Gefühl, er sei ein Aufschneider, das ihn zunächst belastet hatte, fiel von ihm ab.
Eines Tages geschah das Wunder.
Er stand vor dem Spiegel, und tatsächlich kam es ihm vor, als sei er gewachsen.
Alles klärte sich auf. Der seltsame Zauber hatte ein Ende gefunden. Jetzt konnte auch er sehen, daß er größer geworden war.
Er gewöhnte sich einen aufrechteren Gang an.
Er reckte den Kopf beim Gehen weit in die Höhe.
Er kaufte sich Kleidung, die ihn schlanker machte, und mehrere Paar Schuhe mit hohem Absatz.
Der Mann begann die Menschen von oben herab zu betrachten.
Die Äußerungen der Leute zeugten von Bewunderung und Faszination: »Wie groß du bist!«
»Du bist aber gewachsen!«
»Ich beneide dich um deine Größe …«

Die Zufriedenheit des Mannes verwandelte sich in Eitelkeit und ging nahtlos über in Überheblichkeit.
Nun diskutierte er nicht mehr mit Menschen, die ihm sagten, er sei groß. Er strich das Lob ein und erteilte ein paar schwammige Ratschläge für ein schnelleres Wachstum.

So verging die Zeit, bis ihm eines Tages … ein Zwerg über den Weg lief. Der eitle Mann beeilte sich, sich

neben ihn zu gesellen, und nahm im Geist schon dessen Huldigung entgegen. Er fühlte sich groß wie noch nie.
Aber zu seiner Überraschung sagte der Zwerg kein Wort.
Der Eitle hüstelte, aber der Zwerg schien ihn noch nicht einmal zu bemerken. Und obwohl er sich reckte und streckte und sich beinahe den Hals verrenkte, blieb der Zwerg unbeeindruckt.
Als er es müde wurde, flüsterte der Mann:
»Bist du nicht von meiner Größe überrascht? Siehst du nicht, was für ein riesiger Kerl ich bin?«
Der Zwerg betrachtete ihn sich von oben bis unten, sah ihm wieder ins Gesicht und sagte skeptisch:
»Schauen Sie, von meiner Warte aus betrachtet, sind alle riesig, und um ehrlich zu sein, wirken Sie von hier aus nicht viel größer als jeder andere auch.«
Der eitle Mann sah ihn verächtlich an, und seine einzige Entgegnung war ein:
»Du Zwerg!«

Er kehrte nach Hause zurück, eilte vor seinen riesigen Spiegel und baute sich davor auf …
Er sah nicht mehr so groß aus wie noch heute morgen.
Er stellte sich an die Markierung an der Wand.
Er machte einen Kreidestrich über seinem Kopf, und die Markierung lag genau auf der Höhe aller bisherigen!

Er nahm das Metermaß und stellte zitternd fest, was er bereits wußte:

Er war nicht einen Millimeter gewachsen.
Nie war er auch nur einen Millimeter gewachsen.

Zum ersten Mal seit langer Zeit sah er sich wieder als einen von ihnen, einen Menschen, der genauso war wie all die anderen.
Er spürte wieder seine Größe: weder besonders groß noch besonders klein.
Was sollte er nun tun, wenn er den anderen Menschen begegnete?
Nun, da er wußte, daß er nicht größer war als all die anderen.
Der Mann weinte.
Er legte sich ins Bett und nahm sich vor, nie wieder aus dem Haus zu gehen.
Er schämte sich sehr für sein eigentliches Körpermaß.
Von seinem Fenster aus beobachtete er, wie die Leute aus seinem Viertel an seinem Haus vorbeigingen.
Alle sahen so groß aus!
Völlig verängstigt stellte er sich wieder vor seinen Wohnzimmerspiegel, um zu prüfen, ob er nicht geschrumpft war.
Aber nein. Seine Körpergröße war genau die gleiche wie immer.

Dann verstand er ...

Man betrachtet seine Mitmenschen entweder von oben herab, oder man blickt zu ihnen auf.

Ob einem die anderen groß oder klein vorkommen, hängt vom eigenen Standpunkt in der Welt ab.

> Von den eigenen Beschränkungen,
> von den eigenen Gewohnheiten,
> von den eigenen Launen,
> von den eigenen Bedürfnissen.

Der Mann lächelte und ging runter auf die Straße.
Er fühlte sich so leicht, daß er fast über den Bürgersteig schwebte.
Der Mann traf auf hundert Personen, die ihn als Riesen betrachteten, und auf viele andere, die ihn als bedeutungslos erachteten, aber weder das eine noch das andere empfand er als beunruhigend.
Denn inzwischen wußte er, daß er einfach nur einer mehr war.
Einer ...
... wie alle anderen.

Traurigkeit und Wut

Für Ana María Bovo

In einem zauberhaften Königreich, das der Mensch niemals betreten wird oder das er womöglich ständig durchquert, ohne sich dessen jemals bewußt zu sein …

In einem Zauberkönigreich, wo die unsichtbaren Dinge wieder Gestalt annehmen …

war einmal ein …

… wunderbarer kleiner See.

Es war eine Lagune von glasklarem Wasser, in dem sich tausenderlei Grüntöne spiegelten, und Fische schwammen darin in allen Farben dieser Welt.
In diesem klaren Zaubersee wollten die Traurigkeit und die Wut in stiller Eintracht ein Bad nehmen.
Die beiden legten ihre Anzüge ab und stiegen nackt ins Wasser.
Die Wut, die es – wie immer – grundlos eilig hatte, nahm ein schnelles Bad, und genauso schnell war sie dem Wasser auch schon wieder entstiegen.

Doch die Wut ist blind, zumindest weiß sie sich in der Realität nicht so gut zurechtzufinden, also zog sie, splitternackt und in Eile, beim Herauskommen den erstbesten Anzug an, den sie zu fassen bekam.
So geschah es, daß sie nicht in ihren eigenen, sondern in den Anzug der Traurigkeit geschlüpft war.
Und als Traurigkeit verkleidet, ging die Wut davon.

In aller Ruhe und Bedächtigkeit, bereit, wo sie sich gerade aufhielt, auch ein wenig zu verweilen, beendete die Traurigkeit ihr Bad, und ohne auch nur einen Gedanken an die vergangene Zeit zu verschwenden, stieg sie langsam und behäbig aus dem Wasser.
Am Ufer bemerkte sie, daß ihre Kleider nicht mehr da waren.
Wie wir alle wissen, gibt es kaum etwas, das der Traurigkeit unangenehmer wäre als ihre Blöße. Also zog sie die einzigen Kleider an, die sie finden konnte: den Anzug der Wut.

Man erzählt sich, daß man seitdem manchmal auf eine blinde, grausame, furchtbare und hemmungslose Wut stößt. Aber nimmt man sich die Zeit und schaut etwas genauer hin, so wird man bemerken, daß diese Wut nur eine Verkleidung ist und daß sich hinter dieser Verkleidung in Wahrheit die Traurigkeit verbirgt.

Brief eines geständigen Mörders

Señor
Dr. Joaquín María Ayanack
Calle Gualeguaychú 431
Buenos Aires

Sehr geehrter Herr,
zuallererst möchte ich Ihnen sagen, daß Sie mich nicht kennen. Jedenfalls nicht im herkömmlichen Sinne. Das heißt, Sie kennen mich nicht so, wie ich Sie kenne.

Ich meine, daß mir Ihr Name und Ihre Anschrift sehr wohl bekannt sind. Mir ist bekannt, wie alt Sie sind, ich kenne Ihre Vorlieben und weiß, wo Sie Ihren Urlaub verbringen und was für ein Auto Sie fahren. Ich kenne die Namen Ihrer Frau, Ihrer Kinder und sogar den Ihres Cockerspaniels (Pongo heißt er, nicht wahr?). Ich breche hier ab, weil all das Sie womöglich etwas beunruhigen könnte.

Wie jeder, der sich in einer Machtposition befindet, zeigen auch Sie Anzeichen von Verfolgungswahn. Ich stelle mir vor, wie Sie sich fragen: »Woher weiß er das alles? Wie ist er an diese Informationen gelangt?«

Damit Sie sich nicht unnötig den Kopf zermartern, sage ich Ihnen gleich, daß es keine Information gibt, die derart geheim wäre, daß sie nicht mit ein bißchen Geld und viel Ausdauer in Erfahrung gebracht werden könnte. Und an beidem mangelt es mir nicht. (Manchmal denke ich, daß die Allmacht Gottes vor allem in der unendlichen Geduld liegt, die ihm seine Unsterblichkeit verleiht. Wir Menschen hingegen sehen uns einer gewissen Dringlichkeit gegenüber, zu der wir durch das unvermeidliche Wissen um unsere Endlichkeit verdammt sind.)

Es stimmt, um eine ernsthafte Untersuchung voranzutreiben, muß man sich mit Geduld wappnen, mit ein bißchen Intelligenz und natürlich mit einem gewissen Interesse für seinen Untersuchungsgegenstand, das um so größer sein muß, je komplexer der Gegenstand ist. (Ohne dieses Interesse läßt sich die Intelligenz nicht aus der Reserve locken.)

Vielleicht wäre es nur gerecht, wenn ich Ihnen jetzt erzählte, woher mein Interesse für Sie rührt.

Wahrscheinlich erinnern Sie sich nicht daran, denn es ist schon ein paar Jährchen her. Die Sache ist die:

Eines Tages, genau am Freitag, dem 23. Juli 1991, kurz nach vierzehn Uhr (vierzehn Uhr fünfzehn, um exakt zu sein), fuhren Sie in Ihrem grauen BMW über die Calle Avellaneda in Flores. Es hatte den ganzen Tag geregnet, und die Straßen waren verschlammt wie immer. An der Ecke Artigas bogen Sie bei voller Geschwindigkeit links ab und ordneten sich Richtung Gaona ein, wobei Sie den Wagen etwas ausscheren ließen, wie Sie das ja gerne tun. Genau dort, ein paar Meter von der Avellaneda entfernt, befindet sich ein Schlagloch. Sie kannten es, Sie wußten um dieses Schlagloch, denn Sie wichen nach rechts aus, um es zu umfahren (erinnern Sie sich?). Dabei bespritzten Sie natürlich unvermeidlich den alten Mann, der die Straße an der Ampel Ecke Artigas überqueren wollte. Sie bespritzten ihn von oben bis unten, vom Hut bis zu den Knöcheln.

Sie haben ihn gesehen. Ich weiß, daß Sie ihn gesehen haben.
Seltsamerweise, und entgegen alle Erwartung, Doktor, haben Sie nicht angehalten! Sie haben nicht nur nicht angehalten, sondern (und das ist fast noch bezeichnender) Sie haben noch eine gewisse Handbewegung gemacht. Eine Geste, die vielleicht drei oder vier Sekunden dauerte, länger nicht. Eine abfällige, eine wütende Geste, um ein paar Millimeter verzerrte sich Ihr Mund ... Darauf folgte ein

leichtes, kaum wahrnehmbares Schulterzucken, das klar und deutlich machte, wie Sie das Geschehene einschätzten.

An diesem Tag sagte ich mir: Was für ein schlechter Mensch!

Erlauben Sie mir, daß ich Ihnen etwas über mich sage. Ich hege keine Vorurteile. Ich habe weder etwas gegen Importwagen noch gegen ihre Besitzer. Auch halte ich mich für einen verständnisvollen und toleranten Menschen. So kam mir später der Gedanke, ich könnte mich getäuscht haben, und Sie hätten sich gar nicht derart verhalten. Oder vielleicht nur dieses eine Mal.

Eine Ausnahme von der Regel, nach der er sonst lebt, ein falscher Moment, ein Irrtum, ein Ausrutscher …

Ich hoffe, Sie verstehen, Doktor. Für jemanden wie mich, der keine halben Sachen macht, gibt es nur Falsch oder Wahr. Und die einzige Art, herauszufinden, ob Sie ein Bastard sind oder nicht, war die, dieser Sache nachzugehen und es ein für allemal herauszufinden.

Und genau das habe ich getan!

Die letzten fünf Jahre habe ich damit verbracht, alles über Sie herauszufinden, um den schlechten ersten Eindruck, den Ihr Verhalten bei mir hinterlassen hat, entweder zu entkräften oder zu bestätigen.

Und hier bin ich, Doktor Ayanack. Die Untersuchung ist beendet, oder besser gesagt, die Ergebnisse sind mehr als ausreichend, und sie erlauben den Rückschluß: Sie sind sogar noch verachtenswürdiger, als ich 1991 dachte.

Am 24. Juli, dem Tag nach diesem Vorfall, um halb zwei, machte ich an derselben Ecke Artigas und Avellaneda halt und wartete darauf, daß Sie vorbeifuhren. Ich ging von der Annahme aus, daß Sie genausowenig wie ich Ihre tägliche Route ändern würden. (Diese abscheuliche Manie, die wir Menschen an den Tag legen, uns auf gewisse Gewohnheiten zu versteifen: Wir essen immer das gleiche, kleiden uns immer in denselben Farben, verbringen unsere Sommer in derselben Stadt, rauchen stets dieselbe Zigarettenmarke und fahren, natürlich, immer auf derselben Strecke durch die Stadt, wenn wir von A nach B müssen.)

Sie sind da keine Ausnahme. Und so bogen Sie um vierzehn Uhr vierzehn in Ihrem BMW in die Artigas Richtung Gaona ein und umfuhren das Schlagloch, indem Sie nach rechts auf den Bürgersteig auswichen.

An diesem Tag gab es weder Pfützen noch einen Alten, der die Straße überqueren wollte. Es gab keine Handbewegung und auch sonst nichts, das mich davon hätte ablenken können, Ihre Autonummer aufzuschreiben: B – 21253412.

Am folgenden Montag beschloß ich, nicht zur Arbeit zu gehen und mich tagsüber meinen Ermittlungen zu widmen. Ich parkte mein Auto auf der Artigas und wartete wieder darauf, daß Sie aufkreuzten. Zur gewohnten Zeit bog der graue Importwagen um die Ecke, und ich nahm die Verfolgung auf: Juan B. Busto – Warnes – Serrano – Santa Fe – Gurruchaga. Ich muß zugeben, daß ich mich ziemlich geärgert habe, als ich sah, daß Sie Ihren Wagen auf den für das Polizeirevier reservierten Parkplätzen an der Ecke Santa Fe und Gurruchaga abstellten. Ich dachte schon, Sie seien Kommissar oder so was, aber nein. Sie haben das Kommissariat noch nicht einmal betreten. Sie sind an der Eingangspforte vorbeigegangen, und der Wachtposten hat noch vor Ihnen salutiert. Von meinem Auto aus habe ich Sie von der Santa Fe etwa zwanzig oder dreißig Meter in die Canning einbiegen und dann ein Gebäude betreten sehen. Da blies der Wachtposten in seine Pfeife und bedeutete mir weiterzufahren.

Warum, Doktor, können Sie Ihren Wagen auf einem dem Polizeirevier vorbehaltenen Parkplatz abstellen, und ich muß mich trollen und einen Parkplatz suchen gehen, was in dieser Zone ganz schön schwierig ist?

Warum, Doktor, haben wir uns in eine Ansammlung fragwürdiger Privilegien verwandelt, die uns zugestanden werden oder die wir an uns gerissen haben und von denen wir auf Kosten anderer profitieren?

Wie ist es möglich, daß man sich durch einen Beruf wie Kommissar oder Hilfskommissar ein Stück Stadt aneignet, auf dem man sein Auto abstellt, und darüber hinaus ermächtigt ist, es an andere weiterzugeben?

Denn Sie, Doktor, arbeiten ja nicht auf dem Polizeirevier. Sie sind ein »Freund des Reviers«. Gibt das Ihnen das Anrecht auf ein paar Quadratmeter öffentlichen Raumes? Was kostet Sie diese Handreichung, Doktor? Einen »kleinen« Gefallen? Ein bescheidenes Sümmchen? Eine diskrete Gegenleistung zur Entschädigung?

Sie, die Polizei, die Stadtverwaltung und das System verfluchend, stellte ich meinen Wagen ab und ging die zwei Blocks zu Fuß zurück zur Santa Fe.

Am Ende des Tages hatte ich genügend Informationen beisammen, um meine Untersuchung zu beginnen. Ich kannte Ihren Namen, Ihre Büroanschrift, Ihren Beruf (Strafrechtler) und Ihre Sprechzeiten: Montag, Mittwoch, Donnerstag und Freitag von zwei bis sechs.

Bis zu dem Moment, als ich Ihr Büro betrat, hatte ich noch Zweifel ob meiner Anschuldigungen. Sowohl der Zwischenfall in Flores wie auch das »Privileg«, vor dem Kommissariat parken zu dürfen, waren mir noch nicht Beweis genug … Aber als Ihre Sekretärin Mirta (die Blonde aus Liniers mit den zwei Kindern) mir einen Termin für den nächsten Montag um zwei gab, bestätigte sich Ihr mangelnder Respekt gegenüber anderen. Weil Ihre Sekretärin Ihre Anordnungen befolgt, Doktor, und Sie genausogut wissen wie ich, daß Sie nicht um zwei Uhr im Büro sein können, wenn Sie um Viertel nach zwei noch in Flores auf die Artigas einbiegen.

Was, glauben Sie, tut jener Mensch, der um zwei Uhr bestellt worden ist, am Nachmittag zwischen zwei und Viertel vor drei, dem Zeitpunkt, zu dem Sie eintreffen? Wohin in dieser Zeit mit seinem juristischen Problem, mit seiner Angst und seiner Sorge? Sie wissen nicht, was er tut, stimmt's, Herr Doktor? Sie wissen es nicht, und es interessiert Sie auch einen feuchten Kehricht ... Soll er warten. Derjenige, der wartet.

Ich gebe zu, Doktor, daß ich noch nie eine besonders hohe Meinung von Strafrechtlern hatte. Ich habe immer geglaubt, daß die Leute irgendeinen Beruf wählen, der mit ihrem Selbstbild zusammenhängt. Es kann doch kein Zufall sein, daß fast alle Mediziner Hypochonder sind, alle Wirtschaftswissenschaftler Betrüger und daß es keine vertrauenswürdigen Anwälte gibt. Viele Monate meiner Untersuchung habe ich mit dem Studium der Psychologie verbracht in der Absicht, Sie und Ihre Mechanismen zu verstehen. Es wollte mir einfach nicht in den Kopf gehen, daß ein Mensch, der sich der Rechtsprechung widmet, eine derart inakzeptable Vorstellung von Moral und Gerechtigkeit haben sollte. Dann lernte ich etwas kennen, was man »Reaktionsbildung« nennt (ein gewisser Mechanismus, der eine Handlung, die auf einen zensierten Wunsch erfolgt, in ihr Gegenteil umkehrt).

Die Psychologie ginge viel gnädiger mit Ihnen um als ich, Doktor. Für die Wissenschaft »sublimieren Sie Ihre Zwänge« durch Ihren Beruf, der Sie, so gesehen, sogar noch redlich erscheinen läßt. Nein, Doktor. Kein Reaktionsmechanismus könnte es zum Beispiel rechtfertigen, daß Sie für Ihren Klienten, Fuentes

Orbide, Freispruch erreichen und statt dessen seinen Geschäftspartner und Schwager der Tat bezichtigen. Sie wußten, daß er unschuldig war. Sie wußten, daß Ihr Plädoyer und Ihre Schilderung der Sachlage dazu führen würden, daß anstelle Ihres Klienten sein Opfer ins Gefängnis wandert. Und trotzdem haben Sie das getan. Sie verteidigen nicht die Gerechtigkeit, Doktor. Auch geht es Ihnen nicht um Ihren Klienten.

Was Sie verteidigt haben, war Ihr Geldbeutel, Ihr Ruf, Ihre persönlichen Interessen. Zwei Wochen nachdem der arme Sozius Ihres Klienten festgenommen wurde, sprach Sie jemand auf dem Flur im Gericht auf den Fall an. Es war eine Art Vorwurf für die »Gefangennahme« ... Sie erinnern sich noch an Ihre Antwort, Doktor? Ihre Worte klingen mir im Ohr, als wäre ich selbst dort gewesen. Sie sagten: »Nun, wenn er sich keinen gescheiten Anwalt leisten kann, soll er sich zum Teufel scheren!«

Keine nachträglichen reaktionsbildenden Rechtfertigungen für Sie, Doktor. Keine Erklärungen von wegen Sublimierung für Verhaltensweisen der niederträchtigsten Art.

Sollen wir die Schuld für diese widerwärtige Werteskala, mit der Sie Ihre zwischenmenschlichen Beziehungen handhaben, auf Ihre Zwänge schieben?

Sollen wir also das Verhalten, das Sie an diesem Septembermittag im Restaurant in der Calle Alvear an den Tag legten, als »Armutsphobie« deuten?

Sie erlauben, daß ich Ihrem Gedächtnis ein wenig auf die Sprünge helfe?

Es ist gut und gern zwei Jahre her. Sie aßen mit María Elena, Ihrer Geliebten, im Restaurant in der Calle Alvear zu Mittag. Also muß es Dienstag gewesen sein (es hat eine Weile gedauert, bis ich begriff, daß die Dienstage Ihrer Geliebten gewidmet waren). Ich habe Sie gesehen, Sie saßen – wie so manches Mal – an einem Tisch, nicht allzuweit von mir. An jenem Tag betrat während des Essens ein etwa zehnjähriger Junge das Lokal und verkaufte Rosen von Tisch zu Tisch. Niemand hatte ihn gesehen, weder die Kellner noch María Elena, noch ich. Und plötzlich schrien Sie: »Herr Ober!« Und der Ober, der Sie immer bedient (und der Sie genausosehr haßt, wie er Sie fürchtet), eilte herbei. Sie haben dafür gesorgt, daß er den Jungen sofort auf die Straße beförderte.

Die Psychologie hält allerlei Erklärungen für solche Schuftigkeiten bereit, ich habe nur eine: Sie sind ein Schuft, Doktor. Ein Schuft, der es nicht verdient, am Leben zu sein.

Sie werden denken: »Was geht es denn den an?« Es geht mich etwas an, Doktor, sogar sehr viel.

Es geht mich etwas an, weil ich der Alte bin, der vor fünf Jahren an der Ecke Artigas Richtung Gaona bespritzt worden ist. Es geht mich etwas an, weil ich derjenige bin, der jeden Tag zwei Blocks zu Fuß gehen muß, weil er eben nicht an der Ecke Gurruchaga und Santa Fe parken darf. Es geht mich etwas an, weil ich Ihre Ehefrau bin, Doktor, die gern mal ab und zu mit Ihnen zu Mittag essen würde, und weil ich auf irgendeine Art auch Ihre Geliebte bin, die eben nicht jeden lieben Dienstag mit Ihnen ausgehen möchte. Es geht mich etwas an, weil ich der unschuldig Inhaftierte bin, der im Gefängnis für eine Tat büßt, die er nie begangen hat. Es geht mich etwas an, weil ich – in gewisser Weise – auch der Junge bin, der im Restaurant auf der Calle Alvear versucht, seine Blumen zu verkaufen.

Von den Psychologen habe ich einiges über Bewußtseinsvorgänge gelernt. Und so muß ich letztlich schmerzlich zugeben, daß es mich natürlich etwas angeht, weil ich genauso ein Schuft bin wie Sie, Doktor. Ich bin genauso korrupt, überheblich, aggressiv, eigennützig, egoistisch, genauso verletzend, autoritär und verächtlich wie Sie.
In letzter Zeit habe ich sogar manchmal gedacht, daß

Sie nichts anderes als ein Teil meiner selbst sind. Ein schrecklicher Teil von mir, mit einem Eigenleben, der mich, in allem, was er tut, immer von meiner schlechtesten Seite zeigt.

Nachdem ich mich mit solchen Ideen wie »Inkarnation«, »Identifikation« und »Persönlichkeitsspaltung« beschäftigt habe, ist mir nicht nur klargeworden, daß Sie nicht verdienen zu leben, sondern sogar, daß Sie sterben müssen.

Ja, sterben. Aber wie?

Wer weiß …

Welches wäre die angemessenste Form? Ein Unfall? Herzinfarkt? Selbstmord? Ich weiß es nicht.

Am ehrlichsten wäre ohne Zweifel schlicht und einfach ein Mord. Ich meine, es müßte sich endlich jemand dazu entschließen, das zu töten, das Sie für jeden von uns so archetypisch repräsentieren.

Verstehen Sie nun, warum ich Ihnen schreibe, Doktor?

Ich schreibe Ihnen nicht, um Ihnen die Möglichkeit zur Reue zu geben.

Ich schreibe Ihnen, um Sie darüber in Kenntnis zu setzen (denn schließlich betrifft es ja Sie), daß ich beschlossen habe, Sie umzubringen.

Sicherlich werden Sie Vorsichtsmaßnahmen ergreifen wollen: Wachen, Waffen, Leibwächter, Alarmanlagen, Haushüter, Beaufsichtigung Ihrer Angestellten etc.

Aber wie lang kann man das aufrechterhalten?

Es hat fünf Jahre gedauert, bis ich all diese Informationen zusammengetragen hatte, die es mir erlauben, ein gerechtes Urteil über Sie zu fällen. Ich kann fünf, zehn oder zwanzig Jahre warten, um es auszuführen … Irgendwann wird Ihr Überwachungssystem eine Schwachstelle aufweisen, wird man die Vorsichtsmaßnahmen vernachlässigen oder irgendeine kleine Unachtsamkeit begehen … Und auf diesen Moment, Doktor Ayanack, werde ich warten.

Vielleicht wird jemand (womöglich Sie selbst) an der Echtheit dieser Morddrohung zweifeln …

Und daran, ob es mich auch wirklich gibt …

Wie kann man sichergehen, daß dieser Brief nicht vielleicht eine Art unbewußtes Schuldeingeständnis Ihrer selbst ist? Ein gewiefter Psychologe könnte sogar fragen, ob Sie diesen Brief nicht an sich selbst richten, um sich Ihr nichtswürdiges Handeln vorzuhalten.

Gegen diese Möglichkeit spricht, daß Sie, meiner Ansicht nach, zu keinerlei Schuldgefühlen fähig sind.

Ich halte Sie im wahrsten Sinne des Wortes für amoralisch.

Was allerdings für diese Möglichkeit spricht, ist eine beunruhigende Tatsache. Die Polizei könnte leicht beweisen, daß dieser Brief auf Ihrer Schreibmaschine getippt worden ist, der Maschine, die auf Ihrem Schreibtisch im Haus in der Calle Floresta steht. Beim Papier handelt es sich um exakt dasselbe Papier, das Sie benutzen, und es stammt aus dem Karton auf Ihrem Schreibtisch. Zieht man die Zeit in Betracht, die es braucht, einen solchen Brief zu tippen, kommen wir zu dem Schluß, daß die einzige Person, die diesen Brief geschrieben haben könnte, ohne dabei Verdacht zu erregen ... nur Sie selbst sein können, Doktor.

Dieser etwas rätselhafte Ausgang unserer Geschichte gefällt mir, denn dadurch bekommt sie den faszinierenden Anstrich einer Detektivgeschichte. Ich werde das Geheimnis, wie ich das angestellt habe, für mich behalten, für den Fall, daß ich Ihnen noch einmal etwas Wichtiges mitzuteilen habe.

Für heute aber verabschiede ich mich von Ihnen, nicht ohne Sie vorher noch um einen Gefallen zu bitten.

Passen Sie auf, Doktor Ayanack. Passen Sie auf sich auf! Es wäre jammerschade, wenn durch irgendeine blöde Unaufmerksamkeit ein schlichter Unfall meine ganze Arbeit zunichte machen würde.

J. M. A.

Illusion

Es war einmal ein dicker, häßlicher Bauer,
der hatte sich (warum auch nicht?)
in eine hübsche blonde Prinzessin verliebt.
Eines Tages – weiß der Himmel, warum –
gab die Prinzessin dem häßlichen, dicken Bauern
    einen Kuß,
und wie von Zauberhand verwandelte sich dieser
in einen schlanken, ansehnlichen Prinzen.
(So zumindest sah sie ihn …)
(So zumindest fühlte er sich …)

Der Krieger

*»Von der Liebe, die ich hatte, kann ich sagen,
daß sie nicht unsterblich ist, denn sie ist ein Feuer,
aber solang sie anhält, ist sie unendlich ...«*

Vinicius de Moraes

Der riesige Körper des Sumokriegers war übersät mit Narben, seine Haut von Sonne und Schnee gegerbt.
Sein Name war Jormá, und diese Geschichte beginnt damit, wie er einmal zusammen mit drei Freunden von einer Stadt in die nächste ritt und wie sie dabei in einen Hinterhalt ihrer ärgsten Feinde gerieten.
Die Krieger schlugen sich erbittert, aber nur Jormá überlebte. Seine drei Freunde waren im Kampf gefallen.
Blutüberströmt und erschöpft spürte Jormá, daß er ausruhen mußte, wieder zu Kräften kommen und seine Wunden pflegen.
Er schaute sich nach einem sicheren Ort dafür um und entdeckte eine kleine Höhle, die in einen nahen Berg geschlagen war.
Bis zu dieser Höhle schleppte er sich, und kaum dort

angelangt, breitete er sein Bärenfell auf dem Boden aus und fiel in tiefen Schlaf.

Stunden, vielleicht auch Tage später weckte ihn sein Hunger.

Er spürte seinen Magen als heißen Klumpen. Noch immer tat ihm alles weh, doch er beschloß, ein paar Äste und Zweige zu suchen, um in seinem provisorischen Unterschlupf ein kleines Feuer zu entfachen und von dem Pökelfleisch zu essen, das er bei sich hatte.

Als die Flammen das Innere seines Zufluchtsorts erhellten, traute der Krieger seinen Augen kaum: Sein Unterschlupf war nicht einfach eine Höhle, sondern ein Tempel, eine in den Fels gehauene Kultstätte.

Den Inschriften und Symbolen entnahm der Sumo, daß der Tempel zu Ehren eines einzigen Gottes errichtet worden war, dem Gott Gotzú.

Jormá glaubte nicht an Zufälle, und deshalb zweifelte er keine Sekunde daran, daß seine Schritte, die ihn zur Höhle geführt hatten, vom Tempelgott selbst gelenkt worden waren, damit der über seinen Schlaf wachen konnte.

Jormá beschloß, dies als Zeichen zu deuten.

Von jenem Augenblick an stellte er sein Schwert in den Dienst des Gottes Gotzú.

Er blieb in der Höhle, bis seine Wunden gänzlich verheilt waren.

Solang hielt er ein großes Feuer am Altar in Brand,

der von einer riesigen Gottesstatue überragt wurde, und legte davor das ein oder andere Opfertier nieder.
Fünf weitere Tage und Nächte verbrachte der Krieger in der Berghöhle, erholte sich und huldigte Gotzú. Währenddessen ließ er das Feuer, das den Altar erhellte, niemals ausgehen.
Am sechsten Tag, als Jormá spürte, daß es an der Zeit war, seinen Weg fortzusetzen, wollte er Gotzú zum Zeichen seiner Dankbarkeit ein letztes Opfer bringen.
»Ein ewiges Feuer«, dachte er. »Nur wie das anstellen?«
Jormá trat aus der Höhle und setzte sich auf einen Stein, um über dieses Problem nachzudenken.
Er wußte, daß ein wenig Öl die Flamme erhalten würde, aber das allein genügte noch nicht.
Dann kam ihm der Gedanke, daß er vielleicht sehr viel Holz sammeln mußte, so viel, daß es niemals zu Ende ging. So viel, daß es ewig brannte. Aber schnell erkannte er, wie müßig diese Überlegung war. Viel Holz würde einfach nur die Stärke des Feuers vergrößern, nicht aber seine Dauer.

Ein Mönch in weißem Gewand kam des Wegs und blieb vor Jormá stehen.
Vielleicht aus reiner Neugier, vielleicht auch, weil er überrascht war, einen Krieger in derart nachdenklicher Pose anzutreffen, setzte sich der Mönch dem

Sumo gegenüber und betrachtete ihn still, als wäre er Teil der Landschaft.
Stunden später, die Sonne war schon untergegangen, saß Jormá immer noch dort und grübelte …
Er war derart in seine Gedanken versunken, daß er nicht einmal erschrak, als der Mönch das Wort an ihn richtete.
»Was ist mit dir, Krieger? Du scheinst besorgt. Vielleicht kann ich dir helfen?«
»Das glaube ich kaum«, sagte der Krieger. »Diese Höhle, mein Herr, ist der Tempel des Gottes Gotzú, der seit fünf Mondaufgängen mein Beschützer ist, Adressat meiner Gebete und Gegenstand meines letzten Kampfes. Ich muß bald gehen und möchte ihn meiner ewigen Verehrung versichern, doch weiß ich nicht, wie das Feuer, das ich entzündet habe, auf immer weiterbrennen kann.«

Der Mönch wiegte seinen Kopf, und als würde er im Geiste den Weg erraten, den die Überlegungen des Kriegers genommen hatten, sagte er:
»Damit das Feuer ewig brennt, brauchst du mehr als nur Holz und etwas Öl …«
»Was brauche ich denn?« beeilte sich Jormá zu fragen. »Was braucht es noch dazu?«
»Magie«, sagte der Mönch trocken.
»Aber ich bin weder Zauberer, noch bin ich in der Magie bewandert.«

»Allein die Magie kann bewirken, daß etwas ewig anhält.«
»Ich will, daß die Flamme ewig hält«, sagte der Krieger. Und fuhr fort: »Angenommen, das mit der Magie gelingt, kannst du mir dann garantieren, daß die Flamme zu Ehren Gotzús ewig brennt?«
»Eine Garantie? Vor einer Woche wußtest du noch nicht einmal, daß es diesen Gotzú-Tempel überhaupt gibt. Und heute willst du ein Zeichen ewiger Ehrerbietung für ihn setzen? Das magst du dir heute wünschen. Aber kannst du etwa dafür garantieren, daß dein Wunsch ewig ist?«

Jormá schwieg.
Er wurde gewahr, daß niemand für die Ewigkeit eines Wunsches garantieren konnte.
Der Mönch wiegte erneut den Kopf.
Er trat an Jormá heran, legte ihm die Hand auf die Brust und sagte:
»Ich verrate dir ein Geheimnis …
Die Magie wirkt nur, solang der Wunsch besteht.«

Rebellion

Und plötzlich klingelte es.

»Bist du da?« hörte ich. »Es wird Zeit.«
»Ich komme«, antwortete ich automatisch.
»Es ist schon spät. Mach die Tür auf.«

Ich war wütend.

Ich dachte daran, den Hammer zu nehmen und …
Mit ein bißchen Glück könnte ich diesem ewigen Martyrium mit einem Schlag ein Ende bereiten.

Es wäre wunderbar.
Keine Kontrolle mehr.
Keine Dringlichkeiten.
Nie mehr Gefängnis!

Früher oder spater würden alle erfahren, was ich getan hatte …
Früher oder später würde sich jemand ein Herz fassen und es mir gleichtun …
Und dann würde vielleicht jemand anders …
Und noch jemand …

Und noch viele andere würden den Mut fassen.
Eine Kettenreaktion, die der Unterdrückung ein für allemal ein Ende bereiten würde.
Uns definitiv von ihnen befreien.
Uns von ihnen befreien, in welcher Gestalt auch immer sie daherkommen mochten ...

Schnell erkannte ich, daß mein Traum unerfüllbar war.
Unsere Versklavung scheint zugleich unsere einzige Möglichkeit zu sein ...
Wir selbst haben uns unsere Gefängnisse geschaffen, und ohne sie könnte die Gesellschaft inzwischen gar nicht mehr existieren.

Geben wir also zu ...

daß wir gar nicht mehr wissen, wie wir ohne Uhren leben sollten!

Traumsaat

*1980 machte ich Bekanntschaft mit dem Werk von
Doktor Ira Progoff und der wunderbaren Metapher von
der Eiche und der Eichel. Während der Lektüre
entstand diese Idee.*

In der Stille meiner Gedanken
nehme ich meine ganze innere Welt wahr,
als wäre sie ein Samenkorn,
eigentlich klein und unbedeutend,
aber dennoch von Möglichkeiten strotzend.

Und in seinem Inneren
sehe ich, wie der Keim eines prächtigen Baumes,
meines Lebensbaumes,
sich entfaltet.

So klein er auch ist, trägt doch jeder Same bereits
den Geist des Baumes in sich, zu dem er später
   werden wird.

Jeder Same weiß, wie er Baum werden soll,
indem er auf fruchtbares Land fällt,
die nährenden Säfte aufnimmt,

seine Äste und Blätter entfaltet,
Blüten und Früchte sprießen läßt,
um zu geben, was er zu geben hat.

Jedes Samenkorn weiß,
wie es zum Baum werden wird.
Und Samenkörner gibt es genauso viele
wie geheime Träume.

In uns schlummern unzählige Träume,
die nur darauf warten, keimen zu dürfen,
Wurzeln zu schlagen und ans Licht zu
    gelangen,
als Same zu sterben,
um Baum zu werden.

Prächtige, stolze Bäume,
die uns ihrerseits mit Bestimmtheit sagen,
daß wir unserer inneren Stimme lauschen sollen,
daß wir auf die Weisheit
unserer Traumsaat hören mögen.

Sie, die Träume, zeigen uns den Weg
durch mancherlei Zeichen und Symbole,
bei allem, was wir tun, jederzeit,
durch Dinge und Menschen,
im Schmerz und im Wohlgefühl,
im Sieg und in der Niederlage.

Das Geträumte lehrt uns – ob wir schlafen oder
    wachen –,
uns zu sehen,
auf uns zu hören,
uns bewußt zu werden.
Es zeigt uns den Weg durch vage Ahnungen
oder gleißende Erkenntnisblitze.

Und so wachsen wir,
entfalten uns,
entwickeln wir uns weiter.

Und eines Tages, während wir diese ewige
    Gegenwart
durchschreiten, die wir Leben nennen,
werden die Samen unserer Träume
zu Bäumen
und breiten ihre Äste aus,
die wie riesige Schwingen
den Himmel kreuzen
und in einem einzigen Zug
unsere Vergangenheit und unsere Zukunft
    vereinen.

Keine Angst …
In ihnen steckt ein inneres Wissen …
Denn jedes Samenkorn weiß,
wie es Baum werden soll.

Todesanzeige für einen einzigartigen Mann

28. November 1984

Heute ist ein Mann gestorben.
Dieser Mann war mein Freund.
Er wurde 35 Jahre alt.
In mancherlei Hinsicht viel zu jung, vor allem im Hinblick auf die Sterbealter-Statistiken.
Er hatte genügend Zeit, all die Dinge zu tun, die er getan hat, aber viel zuwenig für all das, was er noch vorhatte.

Dieser Mann war ein sehr interessanter Zeitgenosse und ein wunderbarer Mensch, vor allem aber war er ein sonderbares Individuum. Die Meinungen über ihn gehen auseinander, die einen hielten ihn für einen unausstehlichen Pedanten, die anderen behaupten, er hätte die Intelligenz und Unerbittlichkeit eines Genies gehabt. Ich, der ihn kannte wie kein zweiter, darf sagen, daß er weder ein Pedant noch ein Genie war. Er war ein Mensch, der das, was er tat, sehr gern tat und, sich selbst durchaus als Hedonisten bezeichnend, dafür lebte, es zu tun.

Dieser ungeminderte Hang zum Aktivismus war vielleicht eine der größten Schwierigkeiten für die, die mit ihm zu tun hatten. Fast jeder war ihm zu langsam und zu passiv, und aus irgendeinem Grund umgab er sich ständig mit Wesen, die intellektuell schwerfällig waren und an denen er hemmungslos herumkritisieren konnte. Wenn ich, vielleicht zu seiner Rechtfertigung, eine Erklärung für seinen Aktivismus abgeben wollte, so glaube ich, daß er sich selbst niemals als Genie bezeichnete, sondern sein ganzes Leben lang viel eher überzeugt war, irgendwo tief in seinem Inneren in Wahrheit ein Trottel zu sein, ein Unfähiger, ein Nichtsnutz, ein Taugenichts oder, ganz einfach einer, der zu keinerlei kreativer Tätigkeit auch nur im Ansatz zu gebrauchen war.

Viel mehr aber als bloße Aktivität liebte mein hier ruhender Freund das Außerordentliche an den Dingen. Seine Lieben mußten wahre Leidenschaften sein. Seine Wünsche unerreichbar. Seine Aufgabe unvergleichlich. Seine Kraft unerschöpflich. In seinem Berufsleben war er deshalb ein wunderbar kathartischer Therapeut. Niemand hatte wie er die Fähigkeit, ein verfahrenes Acting voll emotionalen Ballasts aufzudröseln. Heute frage ich mich: War es vielleicht genau das, was er immer für sich selbst gesucht hatte? Schließlich beklagte er sich stets darüber, keinen Therapeuten finden zu können, der in der Lage sei, ihm definitiv zu helfen. Was wollte er? Vielleicht einen Therapeuten wie sich selbst?

So gesehen und gesagt, läßt ihn all das wunderbar erscheinen. Wie könnte man sich nicht in jemanden verlieben, der sich allem, was er tat, mit der gleichen überschwenglichen Begeisterung widmete? Und doch hatte diese fröhliche Medaille auch eine Kehrseite, einen anderen, jämmerlichen Aspekt, wie er es gern nannte. Vielleicht war die unerwünschte Seite dieser Haltung und, warum nicht, deren Ursache die folgende:
Dieser Mann langweilte sich sehr schnell.

Vielleicht war dies der einzige wahre Antrieb für den Aktivismus meines großen Freundes und Gefährten. Er fand schnell Gefallen und war ebenso schnell gelangweilt von Personen, von der Arbeit, vom Sport, von der Mode und von Redensarten. Um ehrlich zu sein, langweilten ihn auch Lebens- und Denkweisen. Da heute der endgültig letzte Zeitpunkt für Richtigstellungen gekommen ist, muß ich einräumen, daß es auch Dinge gab, die ihn nie langweilten. Für sie und durch sie lebte er mit derselben Leidenschaft, mit der er auch seine übrigen Erlebnisse genoß oder durchlitt. Das beste Beispiel dafür ist, daß ich ihn niemals müde, gelangweilt, überdrüssig oder ablehnend erlebt habe, wenn es um seine Kinder ging.

Ist das vielleicht die Ausnahme, die die Regel bestätigt? Oder vielleicht hatte er auch einfach nicht die Zeit, sich mit ihnen zu langweilen … Das werden wir zum Glück nie erfahren.

Eins aber ist gewiß: Dieser Mann liebte seine Kinder mehr als alles andere auf der Welt. War da noch jemand, den er so liebte wie sie? (Nicht genauso stark, sondern auf die gleiche Art?) Und weiter: Hatte er überhaupt mehr als einmal geliebt (in dem Sinn, wie er selbst das Wort »lieben« gebrauchte)? Soll heißen: Hat er jemals einen anderen Menschen vollständig akzeptiert? Das wird immer ein Rätsel bleiben, eine Unbekannte für seine Biographen. Meine bescheidene Meinung ist, daß er die ganze Zeit über liebte, außer … wenn er jemanden begehrte. Denn wenn dieser Mensch jemanden begehrte, schienen die Liebe, die Akzeptanz und die Großzügigkeit zu schwinden, und statt dessen traten die schlimmsten Forderungen auf den Plan, die krankhaftesten Erwartungen, sklavische Abhängigkeiten …

Man mag also daran zweifeln, ob er je geliebt hat, keinerlei Zweifel hingegen besteht daran, daß er sich nie wirklich geliebt gefühlt hat.

Mit diesem »allmächtigen«, starken, unverletzbaren, »pandorischen« (die Wortschöpfung sei hier erlaubt) Mann, im Schatten dieses begehrten und bewunderten Wesens ging sein zweites Wesen ein-

her, verborgen wie ein unersättlicher Mr. Hyde, und zwar nicht in puncto Grausamkeit, sondern was seine Liebesbedürftigkeit anging. Ein anderer Mann, voller Defizite, schwach, bedürftig, schwermütig und unglücklich. Ein Ungeliebter, Unsicherer, Bettelnder ... Dieser Mann brauchte länger als die Hälfte seines Lebens, um jenem anderen, versteckten Ich ins Gesicht blicken zu können. Und schließlich gelang es ihm, nicht etwa weil er mutig gewesen wäre, denn das war er nicht, sondern dank seiner Starrsinnigkeit ... Nach zehnjähriger Suche entdeckte er schließlich sich selbst (zumindest glaubte er das), aber er entdeckte auch (oder glaubte zu entdecken), daß die anderen, diejenigen, die er liebte, ihn darum baten, weiterhin derjenige zu sein, der er immer gewesen war.
Und in gewisser Weise gab er nach.
Er willigte darin ein, die Rolle des Superhelden ewig weiterzuspielen, und leugnete mit seiner erzwungenen Euphorie seine finstersten Nächte.

Nicht einmal er selbst wußte, wie ihm das möglich war, aber niemals verließ er sich auf irgend jemanden. Ich meine, sich wirklich auf jemanden verlassen, so wie er vorgab, es zu tun, nämlich bedingungslos. In seinem Inneren wußte er, daß niemand bedingungslos auf jemand anderen zählt, aber er selbst konnte nie ablassen von dieser lächerlichen Sehnsucht nach

einem Menschen, in dessen Schoß er einfach den Kopf legen und ruhen konnte, vorbehaltlos die Augen schließen und alle Vorsicht fahrenlassen ... ohne Zweifel und ohne jede Angst.
Heute wage ich zu sagen, was ich ihm vorher nie ins Gesicht sagen konnte:

Du hast nie jemandem vertraut.

Es tut weh, so über jemanden zu denken, der ein so guter Freund war und einem jederzeit zur Verfügung stand. Wer von euch Hinterbliebenen kann hingegen wirklich behaupten, sein Freund gewesen zu sein? Viele könnten sich vielleicht damit brüsten, daß er ihr Freund gewesen sei, aber wer kann mit Gewißheit sagen, daß es auf Gegenseitigkeit beruhte? Ich vermute, niemand, denn ich bezweifle, daß er, auch wenn er es gewollt hätte, in der Lage gewesen wäre, sich seinen Mitmenschen anzuvertrauen. Nicht weil die anderen damit Schwierigkeiten gehabt hätten, sondern aus seiner eigenen Unfähigkeit heraus.

Und dennoch kann ich mir vorstellen, daß er sich irgendwann einmal anvertraut haben muß
Daß er vielleicht einmal, es muß schon lang zurückliegen, jemandem vertraut hat ...
Vielleicht hat er vertraut, und man hat ihn betrogen ...

Aber was für eine absurde Rechtfertigung!
Was macht dieser angenommene Betrug schon aus? Läßt es ihn weniger heuchlerisch erscheinen? Spricht ihn das etwa von der Verantwortung frei, niemals wirklich Freundschaften geschlossen haben zu können? (Außer einer, muß ich hinzufügen, die überlebt hat, weil sich der Entsprechende rechtzeitig in die Emigration gerettet hat.) Mindert das etwa seinen Anteil an diesem »Scheitern«?
Wenn er dies jetzt hier hören könnte, würde er sich gegen dieses Verständnis, das Mitgefühl oder das Mitleid verwehren …

So viele dunkle Stellen in diesem verworrenen Leben!

Eine Frage wird denjenigen, die ihn kannten und liebten, ein ewiges Rätsel bleiben: Wie lief es in seiner Ehe? Was verband diesen Mann mit dieser Frau? Was empfand er für sie? Der Tod verhindert, daß die Zeit hierauf eine unmißverständliche Antwort gibt.
Sicher jedenfalls ist, daß er, bis zum Tag seines Todes, allen Hinterfragungen, Zweifeln und Auseinandersetzungen zum Trotz, mit seiner Frau zusammenlebte.
Es wäre zu einfach, zu sagen, daß er wegen der Kinder blieb.

Es wäre blind, zu glauben, daß er in dieser Beziehung vollkommen glücklich gewesen sei.
Es wäre kindisch, anzunehmen, er sei nicht in der Lage gewesen (oder habe geglaubt, es zu sein), eine andere Frau zu verführen oder sich verführen zu lassen.
Es wäre dumm, zu glauben, daß er nicht wußte, was los war, oder daß er es nicht wahrhaben wollte.
Blieb er also aus Liebe zu dieser Frau, oder blieb er, weil ihn seine Ängste festhielten?

Wer auch immer sich das gefragt haben mochte, wußte, daß er sie sehr liebte. Was aber niemand wußte, war, bis wann. Liebte er sie im Augenblick seines Todes? Ich glaube ja. Sie hingegen hatte noch manche Rechnung mit ihm offen beziehungsweise mit dem Leben, das er ihr seinerzeit geboten hatte, oder was ihre Rolle in dieser Beziehung anging. Sie war, mit gutem Grund, voller Ressentiments und gänzlich leergepumpt von allem, das er ihr im Übermaß abverlangt hatte. Und ich sage, mit gutem Grund, weil ich glaube, daß das Leben an seiner Seite weder leicht noch befriedigend gewesen sein kann.

Heute jedoch, und hier vor diesem Leichnam, möchte ich nur von diesem Mann sprechen und davon, daß er glaubte, ein ausgezeichneter Weggefährte gewesen zu sein (zumindest bis er sich gelangweilt und

den Kampf aufgegeben hat, oder besser gesagt, bis er das Kämpfen seiner Frau überlassen hat). Er glaubte, das Unerträgliche ertragen, alles toleriert und das in seiner Macht Stehende getan zu haben, um die Beziehung zu führen, die er sich erträumt hatte.
Sicher, sie hatten nicht genügend Zeit füreinander. Dieser Blödmann gab für gewöhnlich seiner Frau die Schuld an der zunehmenden Entfremdung. Und gerechter- oder ungerechterweise starb er im Glauben, sie habe nicht ihr Mögliches dagegen unternommen.
Während seiner letzten Jahre sammelten sich auch bei ihm der Groll und Ressentiments, die sein Leben besudelten ... Und er fand nie den ruhigen Ort, an dem das Wasser floß, mit dem er sich den widerlichen Schmutz der Jahre vom Leibe waschen konnte.

Es ist von Bedeutung, zu wissen, daß viel größer als die Liebe zu dieser Frau die Art war, mit der er diese Frau begehrte. Denn, und das ist unbestreitbar, niemals hatte er jemanden begehrt wie sie. Nie.
Und vielleicht war das das Problem.
Niemandem außer ihr hatte er das zweifelhafte Privileg erwiesen, ihn so zu sehen, wie er war.
Nirgendwo anders als in seiner Zweierbeziehung wagte er es, seine schwache und abhängige Seite zu zeigen.

Aber auch sie konnte das weder annehmen, noch konnte sie ihn auffangen.
Und wenn sie es konnte, wollte sie es nicht … Und wenn sie es wollte, hat er es nie erfahren.
Wozu also weitermachen? Er wußte, lehrte und wiederholte, daß die Liebe allein nicht genügt, und was nun?

Die Angst!
Sehr wahrscheinlich liegt hier der Schlüssel für manche seiner Verhaltensweisen und die Antwort auf das eheliche Rätsel: die Angst. Denn so uneingeschränkt professionell er auch nach außen agieren konnte, so unaufhaltbar er in seinem Aktivismus war, genauso schwach und unsicher fühlte er sich innerlich.
Einmal vermutete er, sein psychisches Krankheitsbild ginge am ehesten in Richtung Phobie. Er war sich durchaus im klaren darüber, daß seine Hysterie definitiv eine Schutzhaltung war, ein Verteidigungsmechanismus oder, im besten Fall, der Ausdruck eines Begehrens. Dieser Mann steckte voller Ängste. Bis hin zu dummen, banalen Ängsten wie, einen Herzinfarkt zu bekommen, wenn das Telefon nach zwölf Uhr nachts noch klingelte, oder Panikattakken angesichts der Vorstellung, daß einem seiner Kinder etwas zustoßen könnte (schon wenn eines Husten oder Kopfschmerzen hatte, raubte ihm das

den Schlaf oder zumindest den Seelenfrieden). Und zwischen den beiden Extremen, dem äußeren und dem inneren Extrem, lag die Angst vor dem Tod. Vor seinem eigenen Tod. Eine Angst, die ihn bis zum letzten Tag begleitete und ihm einen Großteil seines Lebens verdorben hatte. Am Ende seiner Zeit hatte er sich oft genug wie ein Hypochonder aufgeführt, peinlich genau auf seine Atmung, seinen Puls, seine Muskelschmerzen oder auf irgendeine Hautreaktion oder Schleimbeschaffenheit geachtet. Er wollte nicht als Hypochonder gelten, vielleicht weil er wußte, daß diese Episode, die ihn schließlich umbrachte, angesichts seiner permanenten Ängste und Krankheiten in den Hintergrund treten würde. War vielleicht seine Hypochondrie ein prophetischer Vorbote seines Todes? War diese Beschäftigung mit dem Tod Teil seiner psychologischen Veranlagung oder so etwas wie eine parapsychologische Ahnung? Heute, aus der Perspektive dieses unumkehrbaren »Danach«, scheint diese Sorge mehr oder weniger bedeutungslos. Im Rückblick betrachtet, könnte man seinen frühen Tod auch als natürliches und beabsichtigtes Ende einer entsetzlichen Energieverschwendung interpretieren. Aber er wollte nicht sterben. Wenigstens wollte er lieber leben als sterben. Denn trotz allem, was bereits gesagt wurde, lebte dieser Mann gern, und die Menschen in seiner Nähe, so dachte er zumindest, waren froh, daß es ihn gab. Aber Vorsicht: Diese Freude aneinander mußte immer auf Distanz gehalten werden.

Denn er hatte eine häßliche Angewohnheit, oder besser gesagt, eine schreckliche Sucht: dieser lächerliche Drang zur Aufrichtigkeit, an den seine Umgebung nicht gewohnt war und an den sie sich auch nicht gewöhnen wollte. Und dieser absurde Hang zur Offenheit trug ihm einige Probleme ein. Der Mann sagte: »Ich bin ein guter Therapeut.« Und die Welt hängte ihm das Etikett des Angebers an.

Er ging »spielerisch« mit Situationen um, die andere mieden, und die Leute nannten ihn »omnipotent«.

Er rühmte sich seiner jüngsten Errungenschaften, und seine Umwelt strafte ihn für seine Eitelkeit.

Er sagte offen »ich will dich nicht sehen«, und sein Gegenüber bezeichnete ihn als brutal.

Er ging nicht mehr dorthin, wohin er nicht gehen wollte, und wurde als unsozial tituliert.

Er weigerte sich zu lügen und galt als grausam.

Er weigerte sich, zu sein wie die anderen, nur um nicht in der Menge zu verschwinden, und jeder beschuldigte ihn, ständig im Mittelpunkt stehen zu wollen.

Man muß es wohl hinnehmen.

Er, der selbst Mediziner, Psychiater, Psychotherapeut, Psychoanalytiker, Analytiker, Kommunikationsberater und Gestalttherapeut und mehr oder weniger scharfer Beobachter der Außenwelt war, war – so seltsam es klingen mag – jemand, der die Menschen nie verstanden hat.

Was bleibt vom Leben dieses Menschen? Hat es sich gelohnt?

Es bleiben seine Kinder, und allein ihretwegen hat es sich gelohnt.

Es bleibt das viele oder wenige (ich halte es für viel), was dieser Mensch seinen Patienten gesagt und gegeben hat, was er sie gelehrt und worin er ihnen geholfen hat.

Es bleibt die Fortsetzung seines Werks durch andere Berufsgenossen aus der Gesundheits- oder Weiterbildungsbranche, die bei ihm gelernt haben oder behaupten, von ihm gelernt zu haben.
Es bleibt die solide wirtschaftliche Absicherung, um die er sich in den letzten Jahren sehr gekümmert hat.

Es bleiben die Gedanken dieses Menschen und seine Art zu schreiben.

Es bleibt die Erinnerung an seine gute Laune, sein Lächeln und seine Originalität.

Es bleibt die Gewißheit, daß man für seine eigene Überzeugung kämpfen kann und muß.

> Hier ruht jemand,
> von dem man zweifelsfrei sagen kann,
> daß er alles unternommen hat, um glücklich zu
>   sein –
> und dem es gelungen ist!

Nach all dem Gesagten hat das Epitaph, um das er selbst gebeten hat und das nun auf seinem Grabstein steht, Sinn bekommen:

Glücklich zu sein bedeutet, zu spüren, daß man auf dem richtigen Weg ist.

Ein Fleckchen im Wald

Im Oktober 1996 reiste ich nach New York, um mein siebenundvierzigstes Lebensjahr mit meinem »Lebensbruder« Joschua zu beginnen. Sein leiblicher Bruder David hat mir diese chassidische Geschichte geschenkt, die ich heute zum Abschied mit den Lesern teilen möchte.

Diese Geschichte erzählt vom berühmten chassidischen Rabbiner Baal Shem Tov.

Baal Shem Tov war in seiner Gemeinde sehr bekannt. Jeder hielt ihn für einen sehr frommen, gütigen, tugendhaften und reinen Menschen, denn man sagte, daß Gott sein Wort erhörte, wenn er mit ihm sprach.
Im Dorf hatte sich ein gewisser Brauch eingebürgert: Jeder, der einen unerfüllten Wunsch hatte oder dringend etwas benötigte, was er auf anderem Weg nicht bekam, ging zum Rabbi.
Mit diesen Leuten traf sich Baal Shem Tov einmal im Jahr an einem festgelegten Tag. Er führte sie zusammen an einen Ort im Wald, den einzig und allein er kannte.

Dort angekommen, so sagt die Legende, zündete Baal Shem Tov aus Zweigen und Blättern ein ganz spezielles, ganz besonders schönes Feuer an und sprach dann mit leiser Stimme ein Gebet, als wäre er völlig allein.

Und man sagt ...
Gott habe solchen Gefallen an den Worten Baal Shem Tovs gefunden, das Feuer habe ihn derart bezaubert, die Zusammenkunft jener Leute an jenem Fleckchen im Wald ihm so große Freude bereitet ... daß er der Bitte Baal Shem Tovs nicht habe widerstehen können und alle Wünsche der dort Versammelten erfüllte.
Als der Rabbi starb, bemerkten die Leute, daß da nun niemand mehr war, der um die Worte wußte, die Baal Shem Tov sagte, wenn sie zusammenkamen und um die Erfüllung ihrer Wünsche baten.
Aber sie kannten das Fleckchen im Wald und wußten, wie er das Feuer entzündet hatte.
Einmal im Jahr folgten sie dem Brauch, den Baal Shem Tov begründet hatte, und es versammelten sich all diejenigen, die Bedürfnisse und unerfüllte Wünsche hatten, an jenem Fleckchen im Wald, bereiteten das Feuer auf ebenjene Art, wie sie sie vom alten Rabbi übernommen hatten, und da sie seine Worte nicht kannten, sangen sie ein beliebiges Lied oder rezitierten einen Psalm, oder sie sahen sich

einfach an und sprachen über irgend etwas, dort am Feuer.

Und man sagt …
Gott habe an jenem Feuer solchen Gefallen gefunden, er sei derart vernarrt in jenes Fleckchen im Wald und in die dort versammelten Leute gewesen, daß er, obwohl niemand die passenden Worte zu sprechen wußte, dennoch die Wünsche aller Anwesenden erfüllte.
Die Zeit verging, und von Generation zu Generation verlor sich dieses Wissen …

Und heute sind wir hier.

Wir kennen weder das Fleckchen im Wald,

noch wissen wir um die Worte …

Wir wissen noch nicht einmal, wie Baal Shem Tov das Feuer anzuzünden pflegte …

Und doch gibt es da etwas, das wir wissen.

Wir kennen diese Geschichte.

Wir kennen diese Erzählung.

Und man sagt ...

daß Gott diese Erzählung so sehr liebt,
daß er derart vernarrt in die Geschichte ist,
daß es genügt, wenn jemand sie erzählt
und jemand anders ihr zuhört,
damit er, zufrieden,
allen, die an diesem Moment teilhaben,
jeden Wunsch erfülle
und jedes Bedürfnis stille ...

Und so sei es ...

Inhalt

Einleitung – Die drei Wahrheiten 9
Der Suchende 19
Der gefürchtete Feind 24
Ohne wissen zu wollen 35
Hannes Beinlos oder
Die Kunst des Ausgleichs nach unten 37
Sich klarwerden 42
Die Geschichte in der Geschichte 45
Habgier 49
Der Bär 51
Nur aus Liebe 56
Die Feier des Du 60
Hindernisse 61
Es war einmal … oder Vom schmalen Grat zwischen Märchen und Wirklichkeit 65
Die Kinder waren allein 66
In Kürze 69
Die Stadt der Brunnen 70
Trinkerlogik 76

Geschichte ohne U 78
Ich will 82
Kleine autobiographische Geschichte 84
Traurigkeit und Wut 91
Brief eines geständigen Mörders 93
Illusion 109
Der Krieger 110
Rebellion 115
Traumsaat 117
Todesanzeige für einen einzigartigen Mann 120
Ein Fleckchen im Wald 134

Jorge Bucay
Drei Fragen
Wer bin ich? Wohin gehe ich? Und mit wem?
Aus dem Spanischen
von Stephanie von Harrach

Band 18954

Wie können wir glücklich werden? Dafür gibt es definitiv kein Rezept. Doch Jorge Bucay weiß, dass wir bei der Suche nach einem erfüllten Leben von drei Fragen geleitet werden. Oder von drei Aufgaben, die sich jedem stellen, der sich auf die Suche begibt. Die erste Aufgabe besteht in der aufrichtigen Begegnung mit mir selbst, die zweite darin, zu entscheiden, welchen Sinn ich in meinem Leben finde, und die dritte, sich der Liebe zu öffnen und meinen Wegbegleiter oder meine Wegbegleiterin zu finden. Aus seiner jahrzehntelangen Erfahrung als Therapeut bringt Jorge Bucay komplexe Sachverhalte sinnfällig auf den Punkt und gibt Antworten auf Fragen, die uns bei der Suche nach Glück und Sinn begleiten können.

»Jorge Bucay versteht sich auf die Kunst des heilenden Erzählens. Er ist ein Meister der pointierten Anekdote, charmant, witzig, schlagfertig.«
Neue Zürcher Zeitung

Das gesamte Programm finden Sie unter
www.fischerverlage.de

Jorge Bucay
Liebe mit offenen Augen
Roman
Aus dem Spanischen von Petra Willim
Band 18454

Jorge Bucay muss es wissen: »Verliebtheit dauert zwischen drei Minuten und drei Monaten.« Und ist sie vorbei, beginnt die Liebe oder eben auch nicht. Für Roberto, der gerade in einer etwas komplizierten Beziehung steckt, sind die Mails der Paartherapeutin Laura an ihren Kollegen Fredy äußerst aufschlussreich. Auch wenn sie gar nicht für ihn bestimmt sind, weil Lauras Botschaften ihn als elektronische Irrläufer erreichen. Fasziniert von ihren Ideen über Partnerschaft und Liebe, antwortet Roberto als Fredy, bis er irgendwann den virtuellen Raum verlässt und Laura persönlich begegnet.

»Jorge Bucay vollbringt hier das Wunder,
einen Beziehungsratgeber in Form eines höchst
unterhaltsamen Romans zu schreiben. Nach der Lektüre
scheint zwischen Mann und Frau plötzlich alles
viel schwereloser.«
Glamour

Fischer Taschenbuch Verlag